我
们
一
起
解
决
问
题

事業は人なり——私の人の見方・育て方

事业如人

松下幸之助的用人育人之道

【日】松下幸之助　著

黄成湘　译

人民邮电出版社
北　京

图书在版编目（ＣＩＰ）数据

事业如人：松下幸之助的用人育人之道／（日）松下幸之助著；黄成湘译. -- 北京：人民邮电出版社，2017.6
　　ISBN 978-7-115-45865-0

　　Ⅰ. ①事… Ⅱ. ①松… ②黄… Ⅲ. ①松下幸之助（1894-1989）-商业经营-经验 Ⅳ. ①F715

中国版本图书馆CIP数据核字（2017）第099211号

内 容 提 要

　　为了充分发挥出每个员工的能力与发展潜能，从而为企业和社会做出贡献，身为企业的经营者该如何使用人才、如何激励人才、如何培育人才呢？《事业如人——松下幸之助的用人育人之道》以松下幸之助先生自身丰富的人生经历和历史上的伟人为例，讲述了关于用人方面的真谛。本书不仅包含了管理实践方面的内容，还包含了松下关于人之本性的人类观方面的内容。在本书中，松下先生毫无保留地将他毕生总结的用人哲学与人才培养之道传授给我们。

　　本书适合企业领导者与从事人力资源管理方面的人士阅读。

◆　　著　【日】松下幸之助
　　　　译　黄成湘
　　责任编辑　许文瑛
　　执行编辑　呼斯勒
　　责任印制　焦志炜

◆人民邮电出版社出版发行　　北京市丰台区成寿寺路 11 号
　邮编 100164　电子邮件 315@ptpress.com.cn
　网址 https://www.ptpress.com.cn
　涿州市殷润文化传播有限公司印刷

◆ 开本：787×1092　1/32
　印张：5.5　　　　　　　　　　　2017 年 6 月第 1 版
　字数：82 千字　　　　　　　　2025 年 11 月河北第 21 次印刷

著作权合同登记号　图字：01-2016-8610 号

定　价：35.00 元

读者服务热线：（010）81055656　印装质量热线：（010）81055316
反盗版热线：（010）81055315

出版者的话

在日本的企业界有四位传奇人物，他们分别是松下的创始人松下幸之助、索尼的创始人盛田昭夫、本田的创始人本田宗一郎和京瓷的创始人稻盛和夫。他们一般被称为日本的"经营四圣"。在这"四圣"之中，松下幸之助更是被尊为"经营之神"。

无论在哪个国家的企业界，能获得成功的企业家都不计其数，但能够提炼出经营之道的企业家却为数不多，能够成为众人推崇的"神圣"级别的人物更是凤毛麟角。松下幸之助无疑在企业界树起了一座丰碑。他不但创立了一家享誉全球的成功企业，而且提出了一套普遍适用于各类企业的经营哲学。

松下幸之助一生获得的荣誉数不胜数。在日本国内，他获得了五次授勋；在国际上，他获得了荷兰、巴西、比利时、西班牙等国家的授勋或爵位。作为仅仅上过四年小学的人，他晚年孜孜不倦地著书立说，写了大量浅显易懂又富含哲理的文章。由于这些成就，松下幸之助于 1965 年获得了日本早稻田大学的名誉法学博士学位；于 1986 年获得了美国马里兰大学的名誉博士学位。不可否认，松下幸之助逝世后，松下集团的经营产生了种种问题，但这并不能抹去松下幸之助的成就和他在思想上的贡献。正如福特公司和通用公司的荣光虽然不复当年，但亨利·福特和艾尔弗雷德·斯隆却盛名长存一样，松下幸之助的实践、思考以及著作，都是留给后人的一笔宝贵财富。

松下幸之助提出的"素直之心"和稻盛和夫提出的"敬天爱人"同样朴素，都是我们经营企业时需要遵循的重要原则。稻盛和夫师从松下幸之助，所以二人的理念有许多地方一脉相承，他们都顺应时代趋势，从东方文化中汲取养分，发展出一套经营和处世的哲学，并在企业和社会中推广践行。他们骨子里都有一种与生俱来的大爱和使命感，始于事而不止于事，始于利而不止于利。因此，他们在著作中传达的是一种道而非术。

在互联网时代，创业不难，持续经营才是难题；在信息时代，获取信息不难，甄别和决断才是难题；在物质文明高度发达的时代，生存不难，拥有幸福感和平常心才是难题。我们惊讶地发现，这些难题在松下先生的著作中都有解答。

2014 年是松下幸之助诞辰 120 周年，同时也是他逝世 25 周年。值此之际，其一手创办的 PHP 研究所，在松下第三代传人松下正幸的主持下，重新整理出版了松下的一批著作。这些著作均是松下先生亲笔撰写或者通过口述形式整理而成的，这些书在日本甚至在全世界都影响深远，无数读者都曾有意或无意地研习过松下的经营理念以及人生哲学。

为了向国内读者系统、完整地介绍松下幸之助的管理理念和独特思想，也为了帮助国内企业的经营者更好地面对当前的经营难题，我们精选了其中的八本著作，内容涵盖了松下幸之助的哲学观、决断艺术、用人育人之道、经营之道、人生观、对未来领导者的建言，以及体现了松下思想精华的"素直之心"和"日日新"，共八个方面。

这八个方面传达的都是道，而不是术。术是生长在道上的一种方法，而道则需要我们躬身践行。知易行难，希望大家通过阅读这套书，都能摆脱既有观念、知识、经验和情感的束缚，修得一颗素直之心，发现事物的真相和本质，更好地经营企业与生活。

2017 年 5 月

人事工作最能体现公司对员工的态度

要问作为企业经营者的烦恼是什么，我相信很多经营者的回答最终都会落到人事问题上。把谁分配到什么职位？将谁跟谁搭配在一起工作？对于不能充分发挥自己能力的员工该怎样处理？等等这些烦恼无穷无尽。因为人事工作跟每个人息息相关，所以不是说有了完备的制度体系就一定能解决好所有问题，这是最头疼的地方。如何用人是一件极其困难的事情，有时甚至会让人气愤不已。只要是用人，就会有很多烦恼。经营者只能做好心理准备去面对这一切，这本书告诉我们这就是经营者的作用和使命。随着公司规模的不断扩大，经营者会有看不清基层状况的时候，这时最重要的是加强公司内部的交流与联系，构筑好经营者与员工的信赖关系。我把这点称作"信赖建设"。如果"信赖建设"做的不好，公司做任何事情都不会顺利。

"信赖建设"与公司员工之间沟通交流的质和量息息相关。因此，公司在员工间的沟通交流上要舍得投入。往往看上去没什么用的会议或会谈，如果方法运用得当，也能给公司业绩带来巨大的提升。

通过交流，经营者可以了解到员工的心声，这时经营者要做出适当的反应。人事工作就是这种反应之一。经营者如果发现员工们在职场上有问题的话，可以通过调整组织结构、更换各级领导等方式来改善员工的职场环境，提高业绩。

人事工作直接体现了公司对员工的态度。平日里员工即使不直接接触公司的各级管理者，也能从人事工作中感受到公司对他们的态度。所以我常说"人事工作是交流的媒介"。大家都认可的人事工作，会给员工以"公司在关注着我们"的印象。与此相反，公司的人事工作如果做不好，得不到认可，就会失去员工的信任，不得人心。可以说人事工作关乎到公司的经营成败。

松下幸之助先生常说，企业发展的关键，既不是技术也不是产品，而是人。在本书中，松下先生毫无保留地将他毕生的用人哲学与他的经营之道传授给我们。

这本书对于以人事工作作为毕生事业的我而言就像是一本圣书。

小笹芳央

Link and Motivation Inc. 公司董事长

日文版前言

人们常说"事业如人"。确实如此，事业的发展是以人为中心的，事业的成败确实跟是否能吸引到合适的人才息息相关。无论是多么伟大的事业，如果不能找到合适的人去传承，也会逐渐走向衰落。因此，不管哪家公司都非常重视人才，对于招纳人才、培养人才、任用人才都不遗余力。把这些工作做好，企业就能提升业绩，获得长期发展。

但是，人是复杂微妙的，具有很难把握的一面。因为每个人都不同，即使同一个人，他的内心也在时刻变化，呈现出千变万化的状态。数学中一加一等于二，而人心却不能那样简单地计算，有等于三等于五的，也有可能等于零甚至是负数的。的确，没有比人更复杂的事物了。

但换个角度，我们也可以从变化万千的人心中发现其中的乐趣。如果是机器，只要按下开关便可进行设定好的工作，除此以外不会做别的事情。而人具有千变万化的内心，要是做法、想法恰当的话，可最大限度地发挥其能量。这其中就蕴含着如何培养人才、如何任用人才的奥秘。

我在将近 60 年经营企业的过程中，从未离开过人事工作。我本人知识水平有限，身体也不好，所以我一直坚持使用有干劲的人，把工作委托给合适的人去做，以这样一种方式来经营企业。我把基本的想法、方针、目标阐明后，剩下的工作就交给下属，让他们充分发挥自己的主观能动性大胆地去做。这是我一贯的做法。

这种做法的结果还是幸运的，大家都能充分发挥自己的才能，工作也比较顺利，企业的业绩也超乎自己的预想，以一个旁观者的视角来看的话这是非常成功的。所以有人说我"你很会用人啊！"其实我最初是迫于需要才将工作分配给下属的。

此外，虽说是用人，因为我是企业的创建者，一直都担任总经理、董事长等高层职务，所以从形式上看我是用人的一方，但换个视角考虑的话，我也是被用的一方。正是由于公司的员工们任用我担任企业管理者，充分发挥出我的管理才能，我才能取得今天这样的成绩。

我基本上是那样想的。但我在多年的人事工作中，见识了人间的万象，品味了人心的奥秘和妙趣，从中或多或少地领悟了些识人用人的诀窍。本书就是结合本人的经验和感想，探讨经营者用人问题的一本书。

当然，本书所写的仅是我个人的一些做法和想法，别人照搬去做未必能取得预想中的效果。如果读者能根据自己的实际情况认真品读，我相信也会有所裨益的。

松下幸之助

1977 年 8 月

目　录

目　录

第一讲

用人

01 用人是公事

用人是为了更好地为社会服务。从这个角度考虑，用人时该斥责时就斥责，该纠正时就纠正的理念是正确的。

社会上有很多企业。小到个体商店，大到拥有几十万人的大企业，不同种类与规模的企业不计其数。其中，国家或集体出资的称为国有企业或公有企业，其他的民间企业、商店称为私有企业。从出资者角度看，无论是个体商店还是拥有众多股东的股份制企业都属于私有企业，法律上也承认这样的企业属于出资的个体即股东所有。

但在形式或者法律上，即使属于私有企业，在本质上是不是也可以理解成公有企业呢？也就是说，不管是什么类型的企业，它都是为了公众，为了社会而存在的。

　　我们以街上的蔬菜店为例。我们可以把蔬菜店的经营理解成店老板为了自己的生计而从事的经济活动。但换个角度思考的话，人们正是因为有了蔬菜店的存在才能比较方便地买到这些生活必需品。如果没有蔬菜店，人们只能自己种植或者去距离我们比较远的农家直接购买了。无论是哪种情况，对于现代的城市居民而言都是非常麻烦的事情。就算能够做到，也要耗费很多精力与时间，如果将其都核算成货币的话，蔬菜就会变得非常昂贵。所以，蔬菜店的经营，一方面我们可以看作为了个人的生计而存在的私有企业，另一方面从更宽的视角来看的话，可以说它是为了民众能够更加便利、便宜地买到蔬菜而存在的公有企业。

　　这样考虑的话，街上的蔬菜店其本质也是公有企业，也是社会的公共机关。那么，其他的商店也是如此。那些聚集了巨额资本，占有广阔的土地，拥有众多员工的大企业就更不用说了，虽然从形式上看是股东出资的股份制企业，即私有企业，但其本质也是社会的公共机关。

用人之事，最重要的是应意识到企业的公共性，即企业是为了服务社会与公众的。如果无法意识到这点就不能真正地用好人。

我们从事商业活动决不仅仅单纯是为个人、为一己私利，而是为了提高人们的生活水平、为了促进社会发展。必须意识到自己的工作或事业的存在意义是为社会做贡献。这样就能把企业看成社会的公共机构。经营企业过程中的用人行为也就不再是私事，而成了公事。不是为了一己之便、一己之利而用人，现在却是为了能够更好地为社会服务而用人。

比如蔬菜店老板要雇用一个店员。我们应该这样去考虑：雇用店员并不是为了减少老板的工作量，从而可以使老板享受舒适的生活。而是考虑到蔬菜店的客人增多时，工作就会繁忙到老板一个人忙不过来，客人就需要等待。为了避免这种情况就需要雇用一个店员。如此一来，客人买的东西太多拿不了时店员还可以帮忙搬运。也就是说，通过雇用店员可以为客人提供更好的服务，从而提升客人的满意度。这件事从效果上看也与蔬菜店的生意红火息息相关。所以，用人的初衷就在于此。

大企业的人事工作也是同样的道理。在几万人的大公司里有各种各样的工作岗位，但不论哪个岗位都不只是个人的工作。所有的人都是企业为社会做贡献所必需的一员。企业正是为了这个目的而雇人、用人。因此，从形式上看是经营者雇用员工，上司指挥下属，实际上是企业为了实现其服务公众与社会的使命，而让每个人分担必要的工作。只不过为了组织更加高效地运营，在形式上分成了雇用者和被雇用者两个阵营。其实归根结底，企业用人不是为私用人而是为了公用。

既然用人不是为私而是为公，那么有一个信念就应运而生了，那就是：在用人过程中，有时必须要斥责、提醒甚至是警告对方。斥责这种事情，从感情角度看，无论是被斥责的一方还是斥责人的一方，心情都不会好到哪去，所以谁都不愿做这种既麻烦又讨人厌的事情。但如果考虑到企业是社会的公共机构，用人之事也是公事的话，那样因个人感情而怠慢人事工作是不允许的。我们应该坚持该斥责时就要斥责的信念。只有这样，才能不负社会与公众所赋予我们的使命。

如果仅仅是因个人感情或利害关系而斥责对方是绝对不行的。当然，只要是人，要完全杜绝这样的现象也是不可能的。但也正是因为这个原因，我们更要明白不掺杂个人感情去进行人事管理的重要性。企业用人时必须以服务社会的使命感去判断什么是正确的，什么是错误的。

在日常工作中只要养成以上的思维方式，就能坚持以正确的理念进行人事管理。如果上司能以这样的思想去管理人，哪怕有斥责、警告，大部分下属也不会不满或反抗，甚至可能会欣然接受上司的批评与建议。非常严厉的人，有时会将人斥责得一文不值。但是下属却对这个上司心服口服，同时自己也得以成长。这样的事经常在周围发生。最终，大家就会明白，上司斥责员工其实并不是因为私心私利，而是站在公事的立场。

用人的第一步就是要清醒地意识到企业的所有工作都是公事。

02 专司操心之职

有时因为操心工作到夜不能寐，甚至脉搏都变得缓慢，但仔细想来那正是我作为总经理存在的价值。

在我任总经理期间，经常跟公司的人说，大家在工作上有什么担心或不放心的事情请尽管对我说。在我看来，操心就是总经理的本职工作。小的担心、小的问题由主管解决，稍微大点的问题由部长解决。但如果很重要的问题就只能交由总经理解决了。也正是因为这样，总经理的工资才是最高的。这就有点像为操心所支付的费用。

所以，如果工作上有什么担心或不放心的事情就尽管跟我说。有把握的事情不和我说也没有关系，或者过后再说也行。总经理就是为此而存在的，身为总经理，哪怕因此而死也是光荣的"战死"。

　　不但口头上经常那样说，实际上我也是一直那样做的。企业的经营是很灵活的一件事情，并且会随着社会的发展不断地变化。因此，企业在经营过程中时时刻刻都会有新的问题出现。与之相应，所有既定的部署也会根据形势而产生变化。那都是必然的，什么都不用操心是不可能的。

　　诚然，很多操心的事情可以交给各个部门的负责人，但最终还得由我这个总经理去解决。但实际上很多这样的事情直接由各部门负责人解决了，并没有传达到我这里。如果不告诉我也能很好地解决的话也好，可往往并不是这样。虽然他们是出于"总经理那么忙，就不要让他为这样的事情操多余的心了"这样的善意而不告诉我的，但正因为这样我才更加操心。

　　因此，我只要有机会就会跟员工们说："大家要向我说出自己工作中担心的事情。不允许对我有任何的隐瞒。"

当然，我也不是一味地等大家来向我说，在日常的经营管理中，自己也会思考很多应该去操心哪些问题。最关键的一点就是，总经理必须是企业里最操心的人。

虽这么说，操心本来就不是一件令人愉快的事情。下属将担心的事情报上来，一整天都得为解决之策绞尽脑汁，晚饭都会变得索然无味。特别是我多少还有些神经质，东想西想晚上就难以入眠了，这样的事情经常发生。结果，有几次都出现了脉搏跳动不规则的现象，于是我也觉得这样不行。

但仔细又想："我这样地操心，不正是我作为总经理的本职工作吗？不正是我的存在价值吗？如果作为总经理什么都不操心，每天悠哉悠哉生活的话，那自己的存在价值又是什么呢？如果是那样的话还不如

辞职不干。没了这份操心，自己的存在价值不就没有
了吗？"我就这样每天提醒自己、激励自己。

　　因为这样想，我就有了不畏困难的勇气。为了解
决所操心之事，我时常会陷入深度的思考，在脑海里
会涌现出很多新的想法来。其实，人越是在忧虑的时
候就越难以集中精力去思考，但如果你有正视所忧
虑之事的勇气，沉下心来认真思考，就能生出许多
智慧。

　　其实，不仅仅总经理应该这样去想，所有的管理
者都应该如此。一个公司中，总经理必须是最操心的
那个人，操心也是他的价值所在。同样的道理，在一
个部门里，最操心的应该是部门主管。在一个工作组
当中，组长也应该是这个工作组中最操心的那个人。

　　操心是件既难受又辛苦的活儿，有时甚至会寝食
难安。那时能否感受到自己存在的价值？如果你完全
感受不到自己的存在价值，承受不了这种辛苦，那就

说明自己不适合从事管理工作。哪怕只是在人数较少的部门从事管理工作，也应要有这样的觉悟。

如果你并不担任领导职务，也就无需去操那份心，让该操心的人去操心。你可以活得轻松些，但相应的存在价值就会变小。

我认为人是很伟大的动物。一方面因为忧虑而感到烦恼与痛苦，另一方面又在克服各种忧虑与烦恼中感受到自己的存在价值并不断成长。如果从这个角度来看的话，操心是管理者应具备的重要素质。

03 能否遇到人才是种运气

每个企业都想聚集优秀人才为自己所用，但能做到的企业屈指可数。即便如此，工作也可以顺利开展。

无论是谁，只要从事商业活动，都想要得到优秀的人才。那么只要想招贤纳士就一定能招到理想的人才吗？虽然不排除有时候确实能够幸运地招到想要的人才，但在大多数情况下并不能如愿，获取人才这种事情并不是说你努力了就一定能有回报的，它是超越我们自身能力范围的事情。

前段时间，在聊到这个话题时，曾说起了织田信长和丰臣秀吉的例子。在信长的部下中谁是最关键的人呢？虽说这个答案也是仁者见仁，我们暂且认为是秀吉吧。正是因为得到了秀吉的帮助，信长才能够平定各地方的割据势力，建立了伟大功业。

但是，得到秀吉也并非完全是由信长的意志所决定的。信长是志在天下的大将，他当然想拥有优秀的人才来帮助他，特别是像秀吉这样的得力部下。而秀吉效力于信长这件事却跟信长的意志无关，秀吉作为一个给武士提鞋的仆人，却能不断地被提拔、重用，促成此事的可以说是超越了两人意志的一种神奇力量吧。

这跟经营企业是一样的。每个企业都想要优秀的管理者，虽然你想要优秀人才，但不是你想要就一定能得到的。

虽说如此，也应该时刻保有那种求贤的意志或者想法。信长能得到秀吉也是因为他一直怀有求贤若渴的心态。因此，必须有那样的心态，至于最终能不能实现就只能交由命运了。

我本人才疏学浅，时刻都想要优秀的人才来帮忙，但很难找到自己想要的人才。实际上，即使对方是个有才能的人，也并非一眼就能看出来，有时你需要用上三年、五年甚至十年的时间才会发现他的价值。如此一来，要招聘怎样的人才合适就很难判断了。所以，我们在招人的时候只能是根据一定的常识来判断，至于他是不是合适的人才就只能看运气了。

这或许是一种放弃的表现或觉悟吧。用这种心态来看待招聘工作，我们便能够获得某种安心感。如果无法具备这样的心态，就会在经营之路上产生很多苦恼。有句话叫作"尽人事，听天命"，用在这里最为合适。

如此看来，人才虽很重要，但招聘也未必能够得到人才。甚至在招来的人之中，还可能会遇到与自己意见相左的人。假设有 10 个人，一般情况下，在这10人当中可能会有 2 人与自己意见是相同的，6 人是中立的，还有 2 人是与自己意见相左的。

"啊,原来总经理现在在考虑这个问题啊。""店长这么做,我支持。"这样能时刻与己保持相同立场的人,10人中只会有2人。另有2人持反对意见。剩下的6人则随大流。现实中基本上就是这样的状况。

如此一来,或许你会想这群人岂不是很不靠谱?实际上绝非如此。我们仍然能够将工作做好。当然,如果10人中有7人与自己意见一致的话这是最好不过的了。那样的话,无论做什么都能成功,企业也能不断地发展壮大下去。但实际上这种情况是可遇不可求的。

不过,10人中所有人都反对自己意见的这种情况应该不会出现。除非你的方针、做法本身就有问题,否则不至于如此。至少会有2人支持自己,或许还会有2人反对自己,剩下的6人会看情况而动。即便如此,事业也能取得一定程度的发展。

有100个人的话,希望这100人都是优秀的人才也是人之常情。这样想未必就是坏事,但如果纠结于此的话反而会平添烦恼，得不到好的结果。100人的话，大概有 20 人是能够跟公司保持一致立场的，激励、团结这部分人很重要。那样的话，即使有 20 人不积极响应，影响也不会太大。剩余的 60 人会服从上司的安排。这样，企业在整体上还是积极的一面占优势，这样就能得到我们想要的结果。

对于这个观点，或许有人会不赞同。这只是我在多年的用人过程中所体会到的一些东西。我们如果能够看清这其中的本质，就能放心地用人、合理地经营企业。

当然，如前面所述的那样，并不是说人才招聘工作毫无意义。相反，我们应该大力地招贤纳士。只有去招聘才有可能得到优秀的人才。只不过，在很多情况下却招不到合适的人才。但是，哪怕未能招到满意的人才，那也是正常的，也没关系，也能做好工作，充分认识到这一点非常重要。

04　用人之苦

即使是在对主人绝对服从的封建时代，如何用人也不是件易事。在当今社会，我们应更加明白这一点，做好相应的心理准备。

每个新人进入公司后，在很长一段时期内都是属于被指挥的角色。处于被指挥者位置的人常常会羡慕指挥者，指挥者发号施令，自己只能遵照执行。在一段时间后，他也会心生"这样下去不行啊。我也想早日成为指挥者！"这样的想法。

那么，在不断积累了工作经验后被提拔为"领导者"时会怎么样呢？随着地位的上升，工资也涨了，下属也有了，似乎一切都是那么的美好。但事实却不完全是这样的。

俗话说"用人难"，就是说用人不是一件简单的事情。在封建时代，对于主人说的话是要绝对服从的。下属必须无条件服从。"是君命则万死不辞"是那个时代的道德标准。从主人的角度来看，无论说什么下属都得言听计从，可以说很是轻松。但是，即便是在那样的时代，用人也不是件容易事。

更何况现今社会与过去完全不同。所谓的领导者与被领导者只是职场里的临时关系，人与人之间基本上还是平等的。别说什么万死不辞了，就算是上司说的，只要觉得接受不了就不去执行的现象也是常见的。所以，如何用人变得越来越困难了。

假设自己有幸受到上司的青睐，工作进展得很顺利。自己则以诚回报，尽心尽力地协助上司、勤奋工作，最后也走到领导岗位。那么是否自己的下属也会那样满怀诚意地协助自己工作呢？

当然，也有这样想的员工："新的主任来了。这个人作为主任经验尚浅，所以我应该尽力协助他。"

但肯定也有不配合的员工。你好心告诉他该怎么做，可他并不领情。甚至有些员工会这样想："这个主任真混蛋！尽说些刁难人的话，把人当傻子了啊！有机会一定要好好整他。"

以前，一天的工作结束后人们会对自己的付出感到满足，怀着喜悦的心情回家。与家人一起享受天伦之乐，晚上的小酌也别有滋味。可是最近不同了，自己的一些想法遭到了下属的反对，一直耿耿于怀，在心头挥之不去。回到家也是一副郁闷的表情，晚上的小酌也索然无味。这样的感受是升职后第一次体验到的，或许这也算是人生的一种体验吧。

但是，如果你因此就一味地抱怨也不行。面对这种情况，要学会忍耐，并设法苦中作乐，做不到这点，就无法达到用人的目的，只能感受用人之苦了。

确实，自己去指挥别人肯定不会顺利。但换个角度想，我为何不把这些人当作我的顾客来对待呢?

是顾客的话就得好好对待。一般情况下顾客都喜欢挑刺。不把这种"挑刺"当困难，而是心存感激，最终让顾客高兴地买到自己的产品，这才是企业经营之道。因此，把所有公司的员工都当作自己的顾客的话，稍微挑点刺也就不那么耿耿于怀了。

如果都能那样想的话，就可以茅塞顿开，不再感觉用人有多难了。当自己指挥别人时，虽然会有"不听指挥太不像话了。总有一些人反对自己的意见怎么行"这样的感受，但如果把对方看作顾客就不会有那样的想法了。你也可以得到某种安慰，遇到类似不服从领导的情况时就不会那么难受了。

因此，在用人时最好不要怀有"指挥"之心。只有做到这一点才能真正能做好"用人"的工作。对待下属，要有把对方当作伙伴，甚至是顾客的觉悟，做到这点就不会觉得用人是一件多么辛苦的事了。不仅如此，还能感受到其中的乐趣。当然，要做到这一点肯定是不容易的。职位越高就越应该具备这样的觉悟。

05 对工作投入热情

即使才疏学浅，也可以成为领导者。但是，如果领导者缺乏热情，是绝对领导不了别人的。

我经常找各部门的负责人谈话。如果对方是部长，我会对他说：

"你们部门有很多工作要做。面对那么多的工作，虽说你是部长，但你也不可能完成所有的工作。有些工作可能更适合下属去做，下属肯定有比你强的某一面，而且这种情况应该不少。

所以，虽然你是负责人，但在很多方面上是指导不了下属的。可是作为领导者，又不得不去指导、不得不去管理。

这种情况下，什么是最重要的呢？那就是在管理工作上，投入你最大的热情。

　　或许你在知识、才能方面不及其他人，那是因为才华横溢的人确实很多，即所谓'人外有人'。但是，你在从事本职工作方面的热情不能输给任何人。如果能够做到这一点，大家都会听命于你。下属会想：'我们部长虽然有点迷糊，但非常热心、富有工作热情。这一点让人佩服得五体投地。所以我们也必须努力工作。'这样大家就会充分发挥自己的工作积极性。如果一个部长不具备这样的素质那就是不合格的。"

　　身为高高在上的部门领导者、企业管理者，其工作的要领，虽然仁者见仁，但我认为其中最关键的就是对工作投入热情。

　　作为领导者，要想每个方面都很优秀，那当然是无可挑剔的。有知识、有才能、有人格魅力，这样的领导者是最理想的了。但现实是那样出类拔萃的人是可遇不可求的，大多数人都是在某一方面比较优秀，但其他方面则稍逊于别人。领导者也是普通人，不能过高地期待他有多么完美。

因此，上司在很多方面不如下属也是正常的，但唯独在对待工作时投入的热情方面不能输给任何人。

我自己也是一样，在知识和学问方面有很多不足。在这方面，别说比别人优秀了，甚至可能是最差的，而且身体也不好。但即使这样，我作为公司的总经理，能够领导那么多员工，让他们发挥各自的特长为企业工作，也完全靠的是这一点——工作热情。

要想把企业持续经营下去，企业管理者必须比任何人都要富有热情，并且要不断告诫自己，这是最重要的。正是因为我有这样的热情，员工们才会这样想："总经理都那么认真地对待工作，那我们更应该好好工作。"

但如果领导者没有那样的热情，就算他再有才华和智慧，下属也不会那么自觉地努力工作。那样的话，领导者的智慧和才华就发挥不出真正的价值。所以，哪怕自己没有什么优于别人之处，也要保有对工作的热情。只有这样，你才能让有智慧的人发挥其智慧，有力气的人发挥其力气，有才华的人发挥其才华，各司其职、各尽所长地为你工作。

特别是在飞速发展的现代社会，技术方面的发展可谓日新月异，高新技术层出不穷。企业管理者也开始广泛使用电脑进行各种复杂的分析。像我这样的人，了解和掌握那些高科技产品并不是件容易的事情，甚至可以说一窍不通。我想不仅仅是我，对于大多数人来说，了解新知识也不是件容易的事吧。

这样看的话，作为领导者，什么都一知半解的岂不是很不靠谱？其实也不必为此担心。术业有专攻，各个领域各个部门都有专业人士，让他们去做即可。所以说，领导者哪怕只是略知一二也没关系。当然，这里说不用担心的前提是之前反复强调的，必须有对本职工作的极大热情。

领导者缺乏热情的话，下属就有可能离你而去。留下的人也不会将自己的智慧和才能很好地用于工作，对工作的热情也会渐渐消失。那样的话就大不妙了。

因此，作为领导者，必须保持对工作的热情。如果你是一个只有十名下属的主管的话，自己是否比这十人的热情更高？如果你是管理着一百人的部门的部长的话，自己是否比这一百人的热情更高？如果你是管理着一万人企业的总经理的话，自己是否比这一万人的热情更高？

扪心自问，如果能够很自信地说自己的热情就是最高的话，那就比较好办了，应该能够让大家充分地发挥各自的优势去工作了。如果自己也不确定，甚至是有所怀疑的话，那就必须好好培养一下工作热情。如果还是做不到，严苛地说，我认为这样的人是不适合在领导岗位上的。

06　要怀有慈悲之心

据说加藤清正曾非常严厉地批评福岛正则："你虽然武功高强，但没有一点慈悲之心。"因为福岛曾劝加藤说："那样的家臣最好杀掉。"

前几年，有次我去熊本县，参观了著名的熊本城，还在加藤神社听神官说了些关于熊本城建造者加藤清正的事情。听了之后颇有感触，后来去查了一下清正这个人的历史背景，随着对他的了解不断加深，越来越觉得他既是一位伟大的武将，也是一位伟大的管理者。

其中有段故事是这样的。

一次，清正邀请他的同僚福岛正则去他家喝茶。在福岛来之前，一个家臣不小心将房间的隔扇弄坏了，清正并没有过多地责怪他，而是让他将隔扇修好。正则到来后，发现那个地方与周围不协调，问是怎么回事。清正如实告诉了他，于是正则就说："那种人你为什么还让他活着？赶快拖出去斩了。"清正很严肃地回绝道："你武功虽好，却没有一丝一毫的慈悲之心。"

是不是真的有这件事姑且不论，但清正确实是一个体恤家臣、关心下属之人。根据当时德川幕府的政策，加藤家族到了他儿子那代，武士身份已被罢黜。但清正却被人们当作神来祭祀，被后人尊称为"清正公"，或许很大程度上是因为他有一颗慈悲之心吧。

不仅是清正一个人，每一位领导者，即便有高低之分，也都应该具备这里所说的慈悲之心。清正对福岛正则非常严肃地说"你没有慈悲之心"这不正是作为一个领导者应具有的思想境界吗？

身为武将，精于武功是必要条件，但仅有这一点还不行。使用武力不是最终的目的。武力是为了给天下的人带来和平和幸福才使用的。有一颗为世人祈求幸福的慈悲之心才能使用武力，如果只是为了征服对方而使用武力，就会伤害世人。清正就抱有这样的信念。

"慈悲"原本是佛教用语，给众生以乐谓之"慈"，替众生去苦谓之"悲"。从这个角度看，世间的所有行为都具有这个特点。

最为典型的例子是政治活动。为世人谋幸福、消除灾难是政治活动的目的。因此，从事政治活动的人最重要的是要有慈悲之心。前些日子，我和大德寺的立花大龟法师①交谈，正如法师所言，政治就像念珠一样，将珠串起来的线是宗教心，换言之就是慈悲之心，如果没有慈悲之心珠子就会变成一盘散珠，无法成串，也就无法实现政治活动的真正目的。我深切地体会到现在的政治家们正是因为忘记了慈悲之心，单纯地以所谓的知识和理论为中心展开政治活动，才有了今日的各种社会问题。

　　企业的经营也一样。企业为何而存在呢？拿生产商品的企业来说，其存在的价值在于企业生产出丰富的物资，使人们生活得更好。企业经营与宗教活动，一个是物质层面，一个是精神层面，二者虽有区别，但在本质上却有相通之处，都不能缺乏慈悲之心。

　　同时，为了实现企业的价值，经营者需要带领很多人为之努力，这些人也能通过自己的本职工作使自己在物质和精神方面都变得更好。从这个角度看，企业员工、下属的幸福就寄托在了经营者或上司身上，因此对下属怀有慈悲之心就显得格外重要。如果没有这样的慈悲之心，只是靠理论和技巧领导他人，他人也不会真心实意地为你工作。

　　说到慈悲之心，我们很容易联想到仁慈。确实，关心、体贴是慈悲心的一般表现，但严厉其实也是慈悲之心的一种表现。

因此，具有慈悲之心不仅仅是指对人好，下属做错了事就应该纠正，甚至也需要严厉地批评，有时还需要加以惩罚，这些也是慈悲心的一种表现。如果感到某种行为与大家的幸福相违背时，要坚决制止和纠正，这也是慈悲心的表现。反过来说，正是因为有了慈悲之心，才能做到在工作中不带任何私心，从大局出发，勇于提出批评与建议，该惩罚时能够做到加以惩罚。领导者如能有这样的慈悲之心，被批评或被惩罚的人都会欣然接受，甚至有些人在欣然接受之后把它当作自己成长的资本。

作为领导者，要时常自省，自己到底具有多少慈悲之心，这很重要。

① 立花大龟（1899—2005）禅僧。1982—1985 年任花园大学校长。与政、经两界领导人广泛交友，从禅学的角度为日本的发展提出过许多建议。——译者注

第二讲

励人

01 透明经营

"民可使由之，不可使知之"[②]**，这是封建社会的为政之道。在当今时代，将公司的战略方针、管理思想、业务内容传达给员工却是非常必要和重要的。**

我在创业之初选择了个体经营，但一开始我就将个人的财务往来与公司的财务往来严格区分开。每个月提留一部分钱作为私用，剩下的全部当作公司财产不得私自挪用，而且每个月都要进行结算。每个月的财务结算信息我都会向员工们公开，甚至连最底层的小伙计都不例外。

财务信息对于现在的股份有限公司来说，是必须公开的，但个体经营者却没有这个要求，只要依法纳税即可。但我依然坚持向员工公开企业的销售、利润数据。公司的利润除了部分归我本人使用外，其余的都作为公司财产保留下来。这些信息都清清楚楚地向所有员工公开发布。

财务信息公开后，店员们都变得积极开朗起来，这很有意思。虽然员工明明知道自己努力工作所带来的公司利润并不会进到自己的腰包，但还是能够从中感受到喜悦，感受到自己工作的价值。因为员工知道利润的增加跟自己的工作与努力是分不开的，就会有一种成就感。如果员工不清楚店里的盈利情况就可能会失去工作的动力，就会心生"也不知道能赚多少钱，就知道把我们当牛做马地使唤"这样的不满。不过，如果是现在，可能员工们会说"公司赚了这么多钱了，该给我们涨工资了吧"，但在我们那个年代不会，大家都是为公司的发展表现出发自内心的喜悦。

但在员工人数不多的私营企业，将财务信息公开，大家就能以积极的心态、愉悦的心情去工作，这也是一种不错的经营方法。

不仅是在公司财务方面，在公司经营的方方面面我都会尽可能采取公开、透明的方式做事，这就是我所谓的"透明经营法"。

比如还有这样一件事。松下电器最初主要是生产配线器的，其中一个很重要的环节是如何将原材料熬炼成膏状物，其方法在当时是一个绝对的秘密。我最初也不知道如何去做，自己怎么尝试都无法成功，后来有幸从一个熟人那里学到了该方法。

因此，在我们那边的工厂里，做这个工作的都是厂长本人，要不就是他的兄弟、亲戚之类的自己人。但是我认为这样的做法最终会不利于企业的发展，就将制作方法也教给员工，放心交由他们去做，甚至也会教给第一天入职的人。

对于那样的做法，同行的前辈也曾替我担心，发出"你谁都教，很危险啊！"的忠告。我很感谢对方的好意，但我始终认为信任自己的员工，教会他们去做，是更好的育人之道，也是事业发展壮大之道，所以我一直坚持这样做。结果表明，这种做法并未带来不好的后果，而且我的事业还比同行发展得更加顺畅，这证明我的这种"透明经营法"在某种程度上是可取的。

就这样，企业经营的方方面面都让全体员工了解清楚，这样的透明经营，让我自己也好、员工也好，都自然而然地产生了"这虽然是个体企业，但不单单是松下幸之助的事业，而是大家共同的事业"这样的想法。如此一来，大家就会形成一种把自己当作主人公去工作的良好氛围，同时也起到了培养人才的效果。

为此，我们应告诉员工们公司的战略方针，有关公司的经营现状，也应该尽可能地减少秘密，让大家能够更多地了解。当然，无论哪个企业，现实是都处于非常残酷的竞争环境当中，都会有所谓的"企业机密"。所以，公开一切显然是不现实的。但有时，由于企业机密外泄带来的不利影响还没有员工因疑神疑鬼消极怠工带来的影响大。当然，如何平衡公开和保密之间的关系是件非常难的事情，但我还是认为，原则上要信任自己的员工，无论是好的情况还是坏的状况，都应该尽可能地将公司的现状向员工公开。

这一点不仅仅局限于公司整体，各个部门也一样要做到公开透明。部门成员也好，团队成员也好，都应该对自己部门、团队的战略方针与工作内容了如指掌，只有这样才能发挥各自的特长完成好工作。

中国古代有位圣人曾说"民可使由之，不可使知之"。确实，在封建社会，统治者要对人民实行独裁统治，不让民众了解太多关于政治上的事情，让你怎么做你就怎么做，以有利于其独裁统治。

但在当今时代，企业经营已经不再是过去那种下属只能单纯地对上司言听计从的独裁式管理，而是需要员工发挥自己的主观能动性以及主人翁的精神去工作。为此，管理者首先要做的就是将企业信息尽可能地公开、透明化。因此，关于当代的企业经营，应该将那句老话改成："民需使由之，更需使知之"。

② 可以让老百姓按照我们指引的道路走，但不需要让他们知道为什么。——译者注

☐02 身先士卒的气魄

自己时常要有一颗身先士卒的心，同时又要大胆放心地把工作交给下属去做。

曾听已逝的关西电力太田垣士郎会长说过这样的故事。太田垣先生在任京阪神高速电力铁道公司总经理时，正值国家进行战后电力公司重组，他被各方寄予厚望，被推举为关西电力公司的总经理。他在非常困难的条件下重组了公司，确保了公司长期稳定的发展方向。而且，关西电力在石油危机到来前的 19 年时间里一直没有涨过价，这真是一个很了不起的奇迹。创造这一伟大奇迹的人就是这位太田垣先生。

太田垣先生就任关西电力公司总经理时，关西电力公司的工会与京阪神市营电车、私营铁路公司的工会之间有一个协议，即关西电力公司的员工可以免费乘坐京阪神市营电车和私营电车，作为交换，京阪神市营电车、私营铁路公司的员工使用关西电力公司的电力，价格按照半价收取。

知道这件事后，太田垣先生认为这样的做法对于普通的消费者来说不公平，必须马上停止。于是就把相关负责人叫来，说："你要为此向消费者道歉，并立即停止这种做法。"但对方回应道："总经理，我做不到。"

话说当时工会运动非常活跃，而且有时还会有些过激的行为。要解决这个问题，不光需要取得自己公司的工会同意，还要得到私营铁路、京阪神市营电车公司工会的同意，这是一件非常难办的事情，公司之前也曾尝试过几次都没有成功。所以，无论太田垣总经理怎么劝说，那个负责人始终觉得自己做不到。

但是，太田垣先生并没有说"是吗？那还是算了吧"，那他是怎么说的呢？他说"是吗？你做不到也没办法，我来做。工会也不能做不公平的事情。如果工会不同意，要争辩的话，那我们就将这件事在报纸上公开，公之于众，让社会大众来评判。但是，既然是我亲自来做这件事情，你作为负责人也就没有存在的必要了。所以请你另谋高就吧，好不好？"

那位负责人听后大吃一惊，说道："总经理既然这么说，那还是我来做吧。"于是立刻着手去做，虽然遇到了很多困难，但工会最终还是妥协了，事情得到了圆满解决。这样，不但挽回了半价电费的损失，也在消费者的心中树立起了良好的企业形象，使企业的发展步入了良性循环的轨道。

我不禁十分敬佩太田垣先生。一般人的话，遇到这样棘手的问题时，很有可能知难而退了。但他却没有退缩，怀着应该做的事就一定要做成的信念坚持不懈地做下去，直至成功。不仅如此，他还能说出"我来做，你卷铺盖走人"这样的话。

这非常耐人寻味。被总经理那样说，那位负责人应该也是被当头棒喝，幡然醒悟吧。

作为领导者，将工作交由下属去做是非常重要的。什么事情都亲力亲为是不现实的，任凭你是多么优秀的人，能做的工作也是有限的。因此，能多大程度地把工作分配给下属去做，可以说是事关经营成败的重要环节。

只不过，最关键的一点是，分配工作的目的是要让下属去做事情。如前所述，公司的工作是公事。企业通过自己的经营活动为社会做贡献，提高大众的生活质量，为了实现这一目标，每个员工负责的工作都是其中重要的一环。因此，哪怕被分配的工作自认为"无法做到"，只要这是为了实现公司服务于社会这一使命而需要的工作，"无法做到"就不能成为借口。

所以，太田垣先生才会说："你做不到的话，那我来做。"站在公司的立场，那是必须完成的工作。

但负责人却说"我办不到"。那么这就成了公司总经理的责任了。因此才会说出"我来做，你卷铺盖走人"这种话。

也就是说，将工作分配给下属固然重要，然而，自己也得具备身先士卒、挺身而出的气魄。换句话说，形式上是将工作分配给下属去做，但在精神上要有身先士卒的魄力。这很重要。人虽在后方，但心一定要在最前线。那样的话，下属也能感受到社长的那份魄力，以自己是替代社长去完成这份工作的心情去对待工作。如此一来，工作也能顺利完成，员工也得到了培养与锻炼，可谓一举两得。

以古代武将为例，织田信长就是这样的人。信长交给秀吉、光秀、柴田胜家等部下部分军权，让他们率兵攻打各地。但他自己也会在危机时刻挺身而出，亲自披挂上阵杀敌。如在"桶狭间"之战中他就单枪匹马冲锋在前，部下就能感受到他的那种气魄，并受他鼓舞共同齐心杀敌。这也是他能够在很短的时间内一统天下的原因所在吧。

当然，这种以身作则、身先士卒的魄力不仅仅要求总经理有，部长、团队负责人等领导者都应具备这样的魄力。当人手紧张的时候，领导者也能亲自完成工作。随着人手的不断增加，就不用凡事都亲力亲为了，那样也不利于工作的顺利进行。这时就应该退居幕后，专心指挥。即使如此，自己也还是必须保有这种身先士卒的劲头。

自己时常要保有一颗身先士卒的心，同时把工作放心地交给下属去做，这就是我在用人过程中的一点体会。

03 如何确保决策正确

为了保证自己决策的正确性，领导者平时要注重提高自己在人生观、事业观和社会观上的涵养。

在经营中，决策是个非常重要的问题。要做成一件事，必须经过各种决策才能向前推进。况且，如果是很多人一起工作的话，大家是在领导者的决策下展开行动，所以决策正确与否关系重大。

能否迅速做出决策也是非常重要的。率领着大家站在岔路口，是往右还是往左，在那里磨磨蹭蹭、犹豫不决的话，不但可能会产生重大经济损失，还可能会磨灭大家的积极性。无论是往左还是往右，只要确定了前进的方向，大家就会拿出勇气和热情向前进。特别是在当今这样一个瞬息万变的时代，在激烈的竞争环境中，当机立断的决策力显得尤为重要。

但话又说回来，如果什么事情都交由一个人去做决定也不现实。小公司暂且不论，如果是几千、几万人的大企业的话，如果事事都要由总经理来决策是不行的。即使他能够迅速地给一个个问题做出决策，但要面对整个公司所有的决策时，还是会出现决策跟不上的情况，从而导致工作无法顺利开展下去。

所以，将决策权不断下放到下一级部门就显得很重要了。除了在重大问题上需要与总经理商量之外，其余的问题在不违背公司基本方针的前提下让下属自己做判断比较合适，这样一来，面对各种情况都能迅速做出决策。而且，被授权决策的部长再将权力下放到团队负责人，团队负责人又下放给小组组长，小组组长又交由员工去判断、决定，整个公司的决策就会进展得很顺畅，这样一来各种各样的状况都能得到迅速、合理的解决。

　　这其实就是所谓的自主决策。总经理当然必须自主决策。不仅是总经理，部长、团队负责人、组长都应该有一颗自主决策的心。即使作为一个员工，也各自有各自的职责，在职责范围内也可进行自主决策。这样自主决策在公司上下全体员工中盛行的话，就能最大程度地发挥各自的主观能动性，提高公司的运营效率。所以，营造出这种自主决策的氛围很关键。

　　虽说如此，但重大问题还是需要跟上司商量，要听取上司提出的意见。在这种场合下就需要一些决断力了。当然，所有的问题都要当下进行决策实际上是很难的。有时需要进行适当的讨论，听取不同人的意见。只是，这种问题如果拖延太久得不到解决，就有可能使下属丧失工作热情，所以，领导者要向下属做出适当的交代，明确回复时间就显得很重要。

　　"这件事不能马上做出决定，容我考虑一天，明天告诉大家决定""这么重大的问题，需要好好研究一下，所以再等一周看看"这样说一下，下属就能安心了。

决策当然要尽快，但也不是说只要快就行。决策要正确才是最关键的。如果很快地下了一个错误的决定，后果将是极其严重的。

那么怎样才能做出正确的决策呢？这实际上是个非常难的问题。领导者不是神，不可能每次都做出正确的决策。

可是，如果不能尽快做出正确的决策，就称不上是一个合格的领导者。所以，要根据自身的经验，充分了解现实情况，综合考虑各种因素后做出决策。我认为，这跟你所持有的人生观、事业观和社会观有很大关系。也就是说，要有正确的人生观、社会观，并以此为依据来进行决策。否则你所做的决策就有可能只是一些权益之计，并且得不到所有人的支持。

比如说，企业间的竞争非常激烈，有时会出现竞争对手以低于成本的价格进行恶意竞争的情况。这时处在销售第一线的员工会从经销商那里得到这样的反馈："你这里太贵了吧。别的地方更便宜。不跟人家的价格保持一致的话，你们的产品是卖不出去的。"于是，销售人员感觉事态严重，跑来跟总经理说："总经理，我们如果不降价的话可能真的会卖不出去的。"

这时候，如果没有决断力的话是不行的，但如果对下属说："我们也以那样的价格销售，岂不是要亏本？"更不行。至少应该有"稍微亏点也没太大关系吧"这样的觉悟。

你应该这样说比较好："我们如果按现行价格可获得暴利的话，继续降价也无所谓。但是，我们的价格是在充分考虑了成本和利润空间的基础上决定的，绝非暴利。如果无法获得适当利润的话会怎么样呢？一半的利润是作为税金上缴国家的，剩余部分作为股东的红利以及新产品的研发资金。只有大家都获取利润了社会才会不断往前发展，如果都不赚钱，国家发展也好，个人生活也好，都会停滞不前。我们有义务提供合理价格的商品，同时也有义务通过获取正当利润来回报国家和社会，我们必须履行这一义务。试想如果所有人都不履行这一义务，国家、社会将会变成什么样？所以，不能轻易降价销售。"这样说的话，下属就会"噢，原来如此。"然后你再鼓励下属"所以，我们要好好干！"下属也就完全领会，并能很好地说服顾客让其接受我们的价格。

　　经营者自不必说，身为领导者应该不断提升自己的知识与修养，树立正确的人生观、事业观和社会观。这种涵养不断提高，就能不断地做出适宜的决断。就算偶有失误，错误判断里也可能包含一定程度的正确判断。那样的话既可正确领导下属又能培养人才。

04 让对方了解自己的缺点

不要觉得有缺点是件羞耻的事情，更不要试图去掩盖自己的缺点。作为领导者必须让下属了解自己的缺点，以便能更好地辅佐自己，弥补自己的缺点，这点很重要。

众所周知，人无完人。每个人都不是完美无缺的，各有各的长处，同时或多或少都存在一些缺点与不足。

既然如此，把具有各种不同优缺点的人们聚在一起工作，就要想尽办法、尽可能地减少工作失误，如此一来，相互之间了解各自的缺点就显得尤为重要了。即使我们都有自己的缺点，也可以通过别人来弥补自己的不足，这样每个人的长处就有可能得到很好的发挥，虽然很难达到完美无缺，但至少也可以减少工作中的失误。

从这个意义上说，作为领导者看到下属的长处要积极地引导，使其充分发挥出优势，同时也要去了解下属的不足之处，以便通过自己或者其他人去弥补其不足。做到了这一点，哪怕本部门中的所有员工都有缺点，只要在整体上能相互弥补不足，也能很好地把工作做好。

处于领导地位的人，也要让下属了解自己的缺点，并努力让下属来弥补自己的不足。毕竟领导者是人不是神，也不可能做到完美无缺。领导者的缺点可能比下属少些，但毫无缺点的人是不存在的。况且在日本，实行的是论资排辈的人事晋升制度，在这种人事体制下，上司比下属缺点还多的情况是很有可能的。

有诸多缺点的上司如果仅仅依靠自己的智慧和力量去开展工作的话，恐怕必定失败。所以需要让下属来弥补自己的不足，这样才能有利于工作的推进。要让下属来弥补自己的不足，首先要了解自己的不足之处，这也很关键。否则，要弥补缺点，却不知道自己哪里不足，那就真的是无能为力了。

但是，人都会因虚荣心作祟而觉得让人知道自己的缺点是很没面子的事情，特别是让自己的下属知道就更加有损自己的颜面了，这或许就是人性吧。但其实那样的担心是多余的，我就是这样把自己的缺点告诉下属并得到他们的帮助才走到今天的。

比如说我的文化水平不高，所以有很多事情不懂。我有时会向新进员工请教些问题，那些员工基本上都比我有学问，会告诉我"那是怎么怎么回事"。而没有人会说："什么？总经理连这也不知道啊！"如果我为了自己的颜面，即使不懂也不问的话，就没有人会告诉我。如此一来，我的问题得不到解决，员工的才智也没能得以发挥，就会影响公司的发展。我将自己不懂的事情原原本本地告诉下属，为了弥补我的这些不足，下属就会为我贡献他们的知识和智慧，这样就能把事情圆满解决了。

另外，如前所述，我的身体不是很好，经常需要静养，所以临阵指挥这样的事情有时会很难做到。但是，我因生病而不去公司的期间，反而会让下属生出这样的想法："为了总经理我们必须好好工作！"有时也能因此而获得更好的业绩。

仔细想来，丰臣秀吉也绝不是一个完美无缺之人。据说他也有很多缺点，比如他的文化水平不高，但有个非常优秀的军师竹中半兵卫常伴在他身边，与其商讨各种事情，并交换意见，以弥补他自己的缺点。正因为如此，一无所有的他才能完成一统天下的伟业。

因此，如果你是一名团队负责人的话，就要了解团队成员各自的缺点并想办法弥补他们的缺点，同时，也要将自己的缺点告知下属。如果你担任的是部长或总经理的职务，就要站在全公司的立场上考虑这些问题。

正如山越高就会有越深的山谷一样，越优秀的人越有可能存在更大的缺点。因此，越是优秀的人就越应该把自己的缺点示人。

05　倾听对方的牢骚

丰臣秀吉心中一旦有不快或郁闷之事就向石田三成倾诉，最终他得到了天下。可见，身边有能够倾诉烦恼的部下也是成功的一大要素。

提到石田三成，谁都知道他原本是寺庙的和尚，但他得到丰臣秀吉的赏识和重用，在丰臣秀吉取得天下之后，三成成为当时日本最高权力机构"五奉行"的首席元老。

众所周知，三成在关原之战中败北被俘惨遭斩首，对于当时的武将来说这是非常悲惨的结局，但他之前的仕途之路真可谓非常顺畅。因受到丰臣秀吉的赏识，他成为了年俸五万石的中大名，而且年纪轻轻就能够指挥大军征战，在关原之战中，他是西路军的总指挥，指挥千军万马。

三成为何能受到丰臣秀吉如此的赏识呢？他与加藤

清正、福岛正则等战功赫赫的人不同，三成其实并没有在战场上立过什么大功。能够被如此器重，没有人知道确切的原因，我在想是不是因为以下这个原因呢？

丰臣秀吉不断地征战，最后取得天下，我想，在他身边需要一个像三成这样的人吧。丰臣秀吉是一个光明磊落、性格豪爽、不拘小节、阳光开朗之人。在北野举办大茶会，在醍醐举行盛大的赏花节，他就是这样一个喜欢大手笔的人。这样的丰臣秀吉会欣赏三成身上的哪点特质呢？或许是欣赏三成在做家童时表现出的细致认真、机灵聪慧的特点吧。

但是，又好像不单单是因为这个原因。确实，丰臣秀吉是一个连赏花都要大讲排场的人，但其实他也有心思细密的一面。而能够观察到丰臣秀吉的细微心理变化、内心烦恼，并能恰到好处地为其排忧解难之人就是三成。

就算是丰臣秀吉这样的伟人，也有他自己的烦恼。在那个战乱的年代，击败敌人取其性命这是常事。而一着失误就有可能是被人击败，丢掉性命。所以必须每战必胜才能保命，在这种生活状态下，精神压力之大就可想而知了。

更何况，丰臣秀吉侍奉的是信长这样一位急性子、比一般人更难伺候的大将。为这样的主公效力，要时刻注意不能触怒他，并且对于他命令去做的事情必须办好，做事必须小心翼翼才行，即使想自己找人帮忙，但因为是主公的命令，必须自己亲自去完成，像这样的苦闷应该不少吧。

有苦闷他当然需要倾诉。然而，这样做一不留神又容易冒犯别人，所以不能对谁都发这样的牢骚。于是，这样日积月累的话就容易神经衰弱。

但丰臣秀吉却并没有神经衰弱，反而始终爽朗快乐。这是因为他有了发牢骚和倾诉烦恼的对象。我认为那个人就是石田三成。丰臣秀吉诉了很多苦，三成都一一倾听。"是啊。是那样的。您别担心了"之类的安慰也很到位。丰臣秀吉的所谓的精神垃圾都给了三成，而且三成处理得很好。

得益于此，丰臣秀吉才能够神清气爽、活力十足地施展拳脚，从而取得天下。如果不是三成，而是福岛正则这样的一介武夫待在他身边的话，恐怕就觉察不到丰臣秀吉细腻心思下的那些烦恼，他就只能一人郁闷，满心苦楚无处倾诉，最终也会落得神经衰弱而无法完成一统天下的大业。我认为，得三成，使得他能够解除心中的烦闷，从而实现自己的伟业，也正因为这个原因，三成的仕途才会如此顺利。

这虽然只是我个人的一种猜想，但根据我自己的经验，应该八九不离十。无论你是经理，还是部长或者科长，要是能够有一个可以倾听你烦恼和牢骚的下属的话，在精神上就是一种极大的安慰。而你就可以充分发挥自己的能力，干劲十足地工作了。如果你的下属中努力工作的人很多，但是没有一个能够倾听你内心烦恼的人，那你也会很累。那样的话，你在工作中很难会有好的想法产生，甚至会渐渐失去工作的热情。

当然也有人会回家向自己的妻子倾诉烦恼。那样做虽然也可以消除压力，但将工作中的情绪带回家也有不好的一面，还是在自己的下属中有可倾诉的人是最好的。

实际上我自己也多少有些神经质的地方。我能有今天这样的成绩，其中一个很大的原因就是，我身边有比较多可倾诉的对象。在我因各种原因烦闷的时候，能够认真倾听我的人还是蛮多的。所以自己觉得非常幸运，可以向人发发牢骚。哪怕是很小的事情，发发牢骚，心情马上就能变好。所以我才能一直以非常阳光的心情、充满活力地工作，一路走到今天。

因此，工作任务繁重的人，或是怀揣梦想干事业的人，身边需要有个能够倾听你牢骚的下属。当然，工作努力、业务能力强的下属，在实际的工作中能取得很好业绩的下属固然受欢迎，但如果你身边没有那种即使工作能力一般，却能倾听你牢骚的下属的话，要想取得事业的成功也是比较难的。

对于丰臣秀吉来说，当然需要像加藤清正、福岛正则这样武艺高超的部下，但光有这些人还不行，还得需要有石田三成这样能够体察他内心苦闷的人，这样才能让他充分地发挥自己的聪明才智，最终获得天下。这就是三成的存在价值。

像那样的人是不是谁都能得到呢？未必。这就像一种命运。但作为领导者，要清醒地认识到能够理解自己心情的人的重要性，这样的人对自己来说是很有帮助的。

同时，作为下属也应该清楚这一点，能够很好地去倾听上司的烦恼和牢骚也是相当重要的。即使不能做到像丰臣秀吉和石田三成那样，也要做到有益于上司和自己的发展。

第三讲

育人

01   总经理就是个端茶送水的

每个时期都有不同的目标。为了实现这些目标，大家齐心协力，不停地努力工作。看到大家的这种状态，我内心十分感激。

以前我曾跟别人说过总经理的工作其实就是一个端茶送水的工作。当然，不是要你真正去端茶送水，而是要有那份心，这点非常重要。

正如我一直以来强调的那样，作为总经理，比起你冲锋在前、事事亲力亲为，身居后方、给公司员工提供服务和保障这件事更为重要。在以前，一说到总经理，就会想到公司的主人，而公司职员就相当于佣人，所以总经理的命令是要无条件服从的。但在现代社会，总经理和员工作为国家公民，地位是平等的，并不会因为你是总经理，员工就会完全对你言听计从。

因此，在这样的背景下，不是你使唤员工，而是你请求员工给你做事。形式上可能会有"你做那个，你做这个"这种命令的方式，但实际应该是"你帮我做那个，你帮我做这个，拜托拜托"这样的请求方式。我觉得，如果身为总经理，内心里没有这种"请求"的想法或者理念，是无法胜任总经理这一职位的。

如果有了这样的心境，公司员工做了相应的工作后你就会心生"哎呀，太感谢了，辛苦辛苦，来喝杯茶吧"这样的想法。当然，总经理没有必要真正去端茶送水，如果员工陆续增加，你也不可能对每一个人都说那样感谢的话。但是，只要你有这份心，哪怕你没有说出来或者表现出感谢之心，作为员工也能从内心里感受到。所以，我会怀着这样的心情，每天自我反省："我今天给多少人端茶送水了呢？"

"总经理就是个端茶送水的"这种论调就是这样得来的。但需要说明的是，作为总经理不能仅仅是端茶送水，还需要为企业和员工指引方向。

就是说，作为总经理可以身居后方让员工为你工作，但必须为其指明工作的方向。这里的方向往大了说是公司的经营理念或使命，往小了说就是指公司在不同时期内明确的奋斗目标。

我一直都是这么做的。公司每年的 1 月 10 日都会举行经营方针发布会，借此机会将公司每个时间段的具体方针和目标向所有人公布。比如，1956 年发布了公司的一个 5 年计划。具体内容是到了 5 年后的 1960 年营业额要达到现在的 4 倍，即 800 亿日元。

当时，政府与公共机关有公布长期工作计划的习惯，但民营企业却没有那样做的。当然可能在公司内部也做那样的规划，但并没有向外界公开发布。公布那样的内容就意味着向竞争对手亮出了自己的底牌，在某种程度上对公司是不利的。所以，没有哪家公司会那样做。我虽然也考虑过这个问题，但最终还是决定公开。

第三讲　育人

　　听了我公布的计划后，员工们一开始很是吃惊。好不容易达到 200 亿日元的营业额，却要再实现 4 倍的增长，这简直是神话。也曾有"空想八百"这么个玩笑。但是，大家都认为："总经理都那么说了，应该不是随便说说的。"所以员工们开始有些吃惊，但所有人还是按照既定目标有条不紊地展开工作。结果，适逢电器化热潮，800 亿日元的计划不但如期达成，还在第 5 年实现了 1000 亿日元的营业额。能够取得这样的业绩连我自己都很吃惊。

　　接下来，在 1960 年我又公布了 5 年后的 1965 年要实行双休日制度。当时，随着贸易自由化的发展，日本企业也渐渐进入国际市场参与竞争，导致员工工作的强度与压力增加，身心都很疲惫，于是，一周仅仅休息一天就明显不够用了。所以，我改革了松下电器的休息制度，将一周休息一天变成一周休息两天，这样就可以做到一天休息一天学习。我也要求员工们从现在开始就做好这些学习的准备。

这件事在社会上引起了很大的反响。最开始工会也反对我的这个做法，但后来还是赞成了，并协助我们完成了这项休息制度的改革，最终，5年后在工资和营业额都没下降的前提下公司实施了双休日制度。

此后，在1967年，我们又提出了5年后实现工资翻番，并在薪资水平上要超过欧洲追平美国同行业的目标。在不打破各方平衡的前提下，大家都在想实现公司在经营、薪资水平上达到美国同行业的目标，公司、员工与工会应该如何做才好呢？最终在各方共同的努力下，用5年的时间把这些目标都实现了。

虽说做成了这么多事情，但达成这些成果和业绩的并不是我一个人的功劳，如果只靠我自己是实现不了的。我只是把各个时期的目标设定好，剩下的就拜托大家去具体实施。事实上之后我也不用特别地去做什么，大家会自己去想办法实现目标。所以，在我的心中，为公司尽心尽力工作的员工们就只剩下端茶送水的感激之情了。

身为总经理，最关键的就是设定目标。只要设定好了目标，就不用多说什么，大部分的人都能够充分发挥自己的才干与能力去实现它，也没必要去过多干预。如果没有给员工设定合理的目标，大家就会失去前进的方向，员工们的才干与能力也无法发挥，工作的干劲自然会打折，业绩自然也就好不到哪儿去。

当然，设定目标也不光是总经理要做的工作。部长也好，组长也好，站在领导岗位上的每一个人都应该用心去做。总经理设定公司的目标，部长设定部门的目标，组长设定工作组的目标。做好这样的事情后，既能充分地用好人，又能提升整个部门的业绩。

目标设定好之后，剩下就什么都不用管了。这样说可能稍微有点过分，但作为负责人或领导者首先要善于设定目标。

02 在实践中成长

在中小型企业里，员工们只要通过日常工作就可以把自己培养成为实干的人才，而越是大企业就越有必要让员工们在灵活的商务活动与工作实践中实现自我的成长。

培养人才最重要的一点就是要培养实干家。企业的经营实际上是个动态的过程，无时无刻不在变化着。要在这样的背景下把工作做好，只有理论知识是远远不够的，必须通过实践去掌握灵活的工作方法。

这样的实干家，光靠学校的教育是培养不出来的。当然，也有极少数相当优秀的人才，毕业后马上就能在商界叱咤风云，但不要对大多数应届毕业生抱有那样的希望。他们需要在实践中磨炼。

从这个意义上讲，最容易培养人的地方就是员工人数不多的中小企业。中小企业的工作流程没有细分得很清楚，店铺或者公司的情况一目了然。总经理可以注意到工作中的每个细节，可以跟每个员工进行交流。在这样的环境下工作，即使不进行再教育或培训，通过日常的工作，每个人也能在实践中学到东西，并获得成长。

实际上，我个人的亲身经历就是如此。在我刚开始创业的时候，员工人数很少，上午做好的产品下午就拿去卖，或者今天做好的产品明天就拿去卖。那时我经常会与销售我们产品的商店老板交流，于是就能及时获取关于产品的一些反馈。得到好评当然高兴，被批评了也会难过。听取了这些反馈后，我会根据这些反馈信息改良产品后再拿去卖。就在这样的不断实践中，我自然而然地掌握了许多经营技巧，成长为一名实干家。

像这样的中小企业比较好培养人才，但随着公司规模的不断扩大，再以这种方式培养人才就很难了。公司的工作流程将分得很细，每个员工只能负责各自的一个领域，只做自己专业方面的事情。因此，一般员工虽然拥有许多专业知识，但对于整个企业的经营状况却并不了解。

比如，做产品设计的员工对市场的状况或者客户的需求都不十分了解的情况时有发生。甚至，虽然是从事销售工作，但不去实际了解市场情况，只是纸上谈兵式地制作销售计划的人也有不少。那样是很难做好工作的。不管你负责的是哪个部门、哪个领域的工作，还是需要认真了解公司的整体经营状况，并在这个基础上把自己的工作做到位。

那要如何做才能成为各自领域的实干家呢？实际上这其实很难做到。如果公司总经理或你的上级领导者根据他们各自的经验不断指导你的话，或许会把你培养成才，但仅仅依靠这种方式其实是不行的。这与仅凭借学校教育不可能培养出企业需要的人才是同一个道理。

盐是咸的、糖是甜的，这谁都懂。那是因为我们谁都尝过盐和糖的味道。但是，如果我们没有尝过盐和糖，你再怎么解释说明咸味或甜味是怎样的味道恐怕也说不明白。工作也好，经营也罢，跟这是同一个道理。

那么要如何让员工去体验呢。刚刚说到，公司越大工作流程划分得就越细、越专业。这样一来，让员工拥有自己专业以外的工作经验是很难的。

所以，其中一个做法是平常就让员工们保有一份时刻准备去体验的心。有了这样的心理准备，即使实际体验的机会比较少，也能从为数不多的体验中学到些什么。将这一指导思想贯彻到工作生活的方方面面，就能使员工在不断的体验与实践中慢慢成长起来。

与此同时，我们还要在新员工入职时，让他们不必立刻上岗工作，而是要进行几个月的实习。实习的内容一个是在公司的生产车间，跟随生产线去了解整个产品的生产流程；另一个是走出公司，到经销商处帮忙干活。也就是在三个月或半年的实习期内，到一个销售店里做一名学徒，完成店里分配的所有工作。这样一来，就可以让新员工体验到实际的销售工作是怎样的，也能体验到社会的人情世故等。

来店里买产品的顾客有不少会砍价。与这类顾客在价格上进行一番较量后，总算说服了对方购买，但有些产品需要装车送到很远的地方去安装。要把这些工作认真完成之后才能得到货款。但也有些顾客在我们安装调试完成后也未必立刻给我们货款。有些顾客会拖很久才付款，最坏的情况是，有些顾客干脆赖账拒不付款。

当然，也有客户会说"多亏你的推荐，使用之后感觉产品很好，非常高兴"这样的话。只有实际去体验了才能切身体会到工作的滋味，才能在实践中慢慢成长。

不过，仅靠短短的三个月或半年的时间是不可能把一个人培养出来的。有些员工过后就把实习期间的体验完全忘了，或者没有将这段时间的体验活用到以后的工作中。

但是，松下电器实行这样的制度已经有十几年的时间了，有不少人说"那段体验，直到现在都非常有用""能够有那样一段体验真的是太好了"。可见，这样做也并不是完全没有意义。不管你采取怎样的一种方式，我觉得每个行业都应该让自己的员工有这样的一种体验。最重要的是你要认识到做这件事的必要性。

03 倾听

在一个能够自由发挥、自主决策的环境下工作是最锻炼人的。要创造出这样的工作环境，使上司能够认真倾听下属的意见，并尽量采用下属的建议。

比如有两位上司。从能力上看，两者不相上下。其中一个上司可以使下属得到很好的锻炼与成长，让大家工作得很有干劲。而另一个上司的下属似乎得不到什么锻炼，整个部门也缺乏活力。这种情况想必大家经常见到吧。具有大致相同的能力，以同样的热情去工作，但在这两人手下工作的员工却呈现出两种截然不同的情况：一种是下属可以不断成长，另一种是下属难有成长。换句话说，这两人中一个会领导人，另一个却不会。

要说为何会产生这样的差异，原因有很多，但我认为其中很重要的一点是能不能认真倾听下属的意见和建议。在一个能够倾听下属心声的人手下干活，比较能够得到锻炼和成长。而在不愿倾听下属心声的上司手下干活，则很难得到成长。我想应该是有这样的一种原因的。

为什么会这样呢？上司如果能够认真倾听下属的意见和建议，下属就会发挥自己的主观能动性去积极思考问题，员工就能得到锻炼和成长。如果自己的建议被上司采纳，下属也会很高兴，而且还会给自己带来了很强的自信心。这样就会鼓励他不断地去想新的创意或提案。如此一来，下属的视野、思维方式都会不断地得到提升，人也就渐渐地成长了。

但是，如果自己说的上司从来都不理会，也不会采纳自己的意见，下属就会渐渐觉得无趣，甚至失去自信。这样的事情反复经历的话，下属就会觉得反正说了也没用，就会懒得去说、懒得去想了，工作也会失去了干劲，更别说成长与锻炼了。

当然，大多数上司都要比下属具有更加丰富的经验，尤其在工作方面都会比下属了解地更多，下属对工作方面的知识和经验都相对匮乏，所以下属提出的一些意见也未必一定可行。而且，工作很忙的时候，一个一个地去听取大家的意见也不现实。因此，在实际工作过程中，做到倾听下属的心声也是比较困难的。

但无论在什么状况下，最重要的是要时刻保有一颗想认真倾听下属心声的心态。有这份心的话，下属就能感受到，就会找合适的机会向你倾诉。

另外，当下属提出的意见或建议不合理时，应该对其说："你的意见我明白了，但这里面有些问题，所以暂时不能采纳。但非常高兴你能把自己的想法提出来。以后有什么想法也请继续告诉我。"这样，即使自己的意见没有被采纳，下属也会满意而归。而且，回去还会自我反省，到底是哪个地方出了问题，下次注意一下，一定会提出一个更好的建议。如此一来，下属也得到了锻炼。

不过我觉得即使下属的意见并不合理，但出于鼓励的目的，最好能够尽可能地采纳。也就是说，不只是采纳那些绝对没有问题、好的建议，稍微有些不妥的意见也可以采纳。可以这样对下属说："你如果觉得那样做合适的话，那就按你的意见做一下试试看吧。"我一直都是这样做的。当然，这样做也会有失败的时候，但总体来说顺利的情况还是占多数，而且这样做下属也能得到锻炼，形成了良好的工作氛围，大家都敢于主动去思考、想对策、提意见，提出自己的想法。

从这点可以看出，培养人才最关键的是要营造出一种让大家畅所欲言的氛围，要有一种认真听取下属意见、积极采纳好想法的心态，这样做就是我们所说的集思广益。集众人之智总比靠上司一个人的智慧和才干来工作要更加容易出成果、提升业绩。所以，倾听下属的意见不但可以让下属得以成长，还能提高工作效率，取得好的业绩。

同时，上司在安排下属做事的时候，不要以命令的口吻，尽量以商量的语气去说是最理想的。也就是说，不要说："你去干这个。"而是说："我想做什么什么，你觉得怎么样？"或者"你帮我去做怎么样？"之类的话。下属听后肯定会说："我也赞成您的观点，那我们就这样去做吧！"甚至还会得到这样的建议："我觉得您的想法很好，但这个地方这样做是不是更好？"这样一来，融合下属的一些意见和建议，工作就能够完成得更加出色。即便是无需征求下属意见的事情，也用商量的语气布置任务的话，下属就会主动地去思考工作该如何做才能更好地完成，从而形成一种良性循环。

以命令的口吻传达工作任务，也就是所谓的"听命行事"，这也是一种工作方式，但我觉得这样的做法并不能有利于下属的成长。当然，每个行业有每个行业的不同情况，形式上必须以命令的口吻传达工作的情况也有。但即使是这种情况，在内心里也应该是以商量的态度去跟下属谈，这点很关键。你如果能这样想，哪怕你用命令语气让对方做事，对方也能感受到你内心的那份尊重。

无论如何，能够在可以自由发挥自己才干的环境下工作是最让人高兴的。在这样的环境下工作就能才思泉涌，工作高效而有成果，自己也能够得到充分锻炼。因此，培养人才最关键之处在于营造能够自由发挥、自主担责的环境，领导者要尽可能地倾听下属的意见，以商量的口吻传达工作任务是最受欢迎和最为有效的。

04　把握宽严的尺度

**无知者无畏。人正是因为有所畏惧才会约束
自己的行为，过分的宽容反而会害人。**

有一次我经过街角的派出所，看到下面的场景
时，我陷入了沉思。

在派出所前一个年轻男子在跟两个警察争吵。具
体原因我不知道，那个年轻男子大声喊叫、吵闹不
止，已经引起了不小的骚乱。两个警察想制止，但那
个男子又是踢又是打的。

暂且不论那个男子该不该使用暴力，两个警察的
态度始终采取不抵抗主义，竟然允许该男子随意踢
打。看到这个情形我很吃惊。对于两位警察的态度，
与其说是佩服不如说是惊叹。

我在想，警察也是常人。不管在什么状况下，被

第三讲 育人

踢或被打了也会生气，甚至会反抗。而将这一切一直忍着，不去制止对方的这种态度，向我们展示了警察令人佩服的一面，但同时我也有"这样做真的好吗"这样的疑问。

警察，本来肩负着维护社会秩序与社会治安，让民众能够安居乐业的使命，也具有教育公民守法、不犯法的责任。

如果触犯了法律、扰乱了秩序，就要将犯人绳之以法。但为了不让人犯法，警察的巡视、威慑作用也很重要。不进行常规的巡视，只是被动地处理做坏事的人，这样的做法是我们不愿意看到的。我们更希望看到的是警察为了防止犯罪的发生而经常巡逻，守护着我们。

总之，人都有逐利的一面。当然，如果能够提升民众的素质，培养公民的公共道德与法制观念的话，无需警察的监督提醒也能够做到遵纪守法。但现实

83

是，我们还是需要警察多加巡视与监督才能让违法乱纪的人少些。

当然，通常我们在劝导别人的时候，简单礼貌的说教是很重要的。但是，需要严厉制止的时候还是有必要保持权威，严格对待的。只有那样做，才能让社会秩序不断变好。

不同的人有不同的悟性。有些人只要点他几句话就能明白，但也有些人即使好言相劝他也不会听，这时就有必要严厉地提醒了。

开头说到一个年轻男子踢打警察，警察一味地不抵抗，想以温和的方式制止。看到这种情形的年轻人会作何感想呢？这是个很严肃的问题。

这种情况下，如果对方无论如何都不听警察的警告，继续给大家制造麻烦的话，我希望警察采取强硬的态度与手段来制止该男子。

这样一来，无论是多蛮横的人也会想："这样下去可不行啊", 年轻人看了会想:"警察的态度太帅了!"这就相当于严厉的提醒。

虽说采取强硬手段会显得很粗暴, 但如果只是一味地克制, 不严肃处理, 又会怎么样呢? 如果社会秩序能够很好地维持倒也无可厚非, 但事实证明恰恰相反。恶性犯罪不断, 甚至派出所遭袭的事件都时有发生。

所以, 只有严厉的态度不行, 仅有温和态度也不够, 而要做到宽严兼备才行, 这样社会秩序才能往我们希望的方向发展。"宽严适度"很重要。

这个想法是我在看到派出所事件后想到的。这里所说的"宽严适度"原则, 在我们用人、育人时也需要。当然, 也有些人不需要你提醒, 也能严格要求自己、约束自己, 能够不犯错误, 做好该做的事情。

但是正如我们前文所述那样, 人是一种逐利的动物。没有某种恐惧感的话, 人就容易放任自我。

所以, 作为上司要有这样一种威慑力或者威严,当然也不是说要一天到晚都一副严肃的表情。平时还是温和地与下属交流、引导比较好。但是，当下属犯错需要提醒纠正的时候，也要有严厉的一面，要严格提醒甚至是斥责。如果对于下属犯错不置可否，或是一味宽容的话，不但会造成破坏职场秩序的不良后果，而且也不利于培育人才。

还是得形成一种员工怕组长，组长怕部长，部长怕总经理，总经理怕社会的这样一种严肃氛围，以便形成一种鞭策自己去自律与成长的外界压力。一味地宽容反而会害了别人，而现今很多公司恰恰是这样一种宽容的风气。

正因为如此，作为管理者，该严格的时候就严格，该温和的时候就温和，掌握好宽严的尺度就显得尤为重要了。

05　放弃深入了解

随着产品的多样化以及技术的不断发展进步，我对公司的很多事情都不是很了解，这样反而出现了工作进展更加顺利的一面。

几年前，我在担任董事长时还参与一些公司事务。偶尔我也会去参加一些以经营为主题的经验分享会。那时我就说："我最近变得不想去了解工作上的一些事，或者说对于很多事情都是处于一知半解甚至毫不了解的状态。"

于是有人质疑道："那怎么可以呢？那样的话还能做好经营吗？"因为我们公司产品的种类不断增加，经营范围也不断扩大，技术方面也在不断革新。作为大型企业的领导，必须具备相当的知识背景。因此，很多人想的都是要尽可能地增长自己各方面的知识，尽可能详细地了解各项业务内容。如果你不想与时俱进地学习新事物，岂不是很奇怪。那样的话适合当总经理吗？

这确实是一语中的。作为经营者，必须每时每刻做出各种决策，而且要保证正确。因此，关于公司的事务、产品或者技术，都应该非常了解，至少应该主动去了解。

而事实上，在三四十年前我基本上就养成了这样一种习惯：根据自身所具有的相应的一些知识与认识来做出判断与决策。

即便如此，那为什么"最近变得不想去了解工作上的事情了呢？"说实话那是因为现在的我已经做不到了。公司的业务范围已经扩大到我无法理解的程度了，如今的技术发展也日新月异，就算我想了解这些内容也很难做到，甚至可以说不可能做到。所以，我常常这样想：与其只是一知半解，还不如干脆不去做任何了解，什么都不去做。

　　这样说的话或许会给人一种很不靠谱的感觉。会有人说"那样做可以吗？"但我确实是那样走过来的，对于这样的做法我也觉得有些神奇之处。因为，这种处理方式也有其有益的一面。

　　之所以这么说，是因为这样的做法能够推动事情快速得到解决，提高工作效率。比如，各个部门的负责人会拿出各种各样的提案来找我裁决。如果根据我自身的知识，在充分理解提案的基础上，做出判断会很费时间。听下属陈述方案，遇到听不懂的地方会"这是什么意思，那是什么意思"地一一询问。还是不懂的话，则有可能会说"我再好好研究一下，等段时间再给你答复"。如果只有一两个人是这种情况倒也没太大关系，但如果需要听取很多部门负责人的方案时，在自己理解的基础上再裁决的话，那得用多少时间呢？在这一来一回的所谓研究讨论中，时机说不定就错过了，好不容易做出来的方案就有可能变得一文不值。

听一下大致的陈述，从经营的角度判断没有什么太大的问题，就可以让下属自己去做决定，这样就能够提高决策的效率，哪怕是十个方案也能瞬间批复完毕。

当然，在这种情形下，各个部门负责人必须具有各自领域的专业知识，具有较强的经营能力。只有这样，他们提交上来的提案才会是比较合理可行的。但凡在公司中具有一定地位的人，一定具有比较丰富的经验与相关专业知识，可谓是久经沙场的专业人士了。所以，这样的人提交的方案，我再去从头具体了解一遍，然后再做出决定的话，基本上就是浪费时间。

因此，我后来干脆就不去做详细了解了。就是所谓的因为不了解所以迅速决定是否采用其方案。这样的做法总体来说还是比较顺利的。当然，从公司全局看"跟公司的经营方针相冲突"的话，那得另当别论，不过基本上没出现这样的问题。只是，大概十次里会有一次会出现从全局角度出发，其立场多少有些不合适的情况。这时我会给他提出"你从整个行业或者整个社会的角度再考虑一下看看如何"这样的建议。但是，如果他的方案不违背大的方针原则，你还想从安全、保证万无一失的角度对方案细节进行一一确认的话就太浪费时间了。

　　当然，对于我的这种做法是否合适，也很难一概而论。哪怕从科学或理论的角度去论述它是否合理，我认为也很难得出结论。硬要说的话，这只是我长年用人管人的切身经验而已，或许会有些偶然因素在里面，但或许也有一定的合理因素存在吧。

　　不管是哪种情况，所幸的是我做得很顺利。因此，从这个意义上说，公司规模扩大到一定程度后，我的这种做法也是可行的、值得参考的。

06　培养社会人

以前的商家，不仅教你如何工作，还教你如何做人。企业也是培养优秀社会人的地方，这点绝不能忘记。

不用多说，培养人才的重要性谁都知道。企业不培养人才就没法生存与发展。

只是有个问题需要关注，即企业培育人才的意义该是什么呢？难道仅仅是为了公司的利益，培养能够对公司有用的人才吗？

当然，那样认为也不是不可以，甚至可以说那样想也是非常必要的。前面也提到过，公司是一个社会的公共机构，通过公司的运营可以为社会作贡献。所以，培养对公司有用的人才，也是履行公司作为社会公共机构的使命。从这个角度来考虑人才培养的问题，其意义当然很大。但是，仅仅这样想就够了吗？
显然不够。

在公司里工作的人，一方面他们是公司的员工，
另一方面他们也是在这个社会上生活的社会人。所
以，在培养他们成为优秀的企业员工的同时，也应该
培养他们成为优秀的社会人。

那么何谓优秀的社会人呢？比如，跟邻里关系融
洽，为了社区的发展而共同努力；在各种公共场合能
够严守公共道德；作为公民，关心政治，履行选举义
务；如果有机会出国的话，不能破坏日本及日本人在
国际上的形象，甚至要以获得国际好评为己任。

如此一来，在企业培养员工的时候，不能单单只
着眼于培养能为企业工作、只对企业有用的人才，还
应该把员工培养成一位对整个社会有用的优秀人才。
简单来说，如果只从企业的立场出发，这个人只要能
完成公司的任务，有工作能力就行，诸如人品等其他

品质都是其次。但是，如果从培养一个社会人的角度看，只会工作是远远不够的，对人品道德等的培养也必须重视。

当然，培养优秀的社会人不光是企业的责任。在进入公司之前，我们都接受过家庭教育、学校教育和一定的社会教育，这些都是非常重要的教育环节，缺少了其中的任何一环，光靠企业的培养都是不可能实现的。

只不过家庭教育也好、学校教育也罢，教授的都是些为人的基本，但这些基础教育也很重要，一个人只有在这些基础教育之上，通过在社会上所取得的实践经验，才能慢慢成长为合格的社会人。当然，作为培养社会人的场所，不仅仅只有企业。当今社会有各种各样的职业，那些职业场所都可以被当作培养、锻炼社会人的场所。不过，大多数的人都是在企业工作的，一天中的大部分时间也都是在公司度过的。由此可见，作为培养社会人的舞台，企业发挥着极其重要的作用，担负着培养社会人的重大责任。这一点，企业经营者在培养人才时必须意识到。

仔细想来，以前是很注重这一点的。以前的商家对员工进行培训时，就包含很多这方面的内容。我年少时曾在一家店里当过伙计，那时，从基本的礼仪礼节到交谈的方式方法都被店长严格训练过。当然这些对于店里的小伙计来说是做好本职工作所不可或缺的。但是对于只上过小学的我来说，是非常好的作为社会人的一种教育，可谓受益匪浅。

关于这方面的教育，我感觉做得很不够。现如今，学校教育已经相当普及了，所以有种观点是把作为社会人的教育交给学校。随着企业规模的不断扩大，企业的培训更加倾向于专业培训，往往忽略了社会人方面的教育。无论理由是什么，其结果都不是我们想要的。

　　最近出现了各种针对企业的批评之声。这不仅仅在国内，国外也有对日本企业存在的问题进行披露的情况。在这些批判中，也有一些是因为误解造成的，或者是出于某种目的。但不管怎样，还是受到很多的批评，作为企业还是有不少值得去反省的地方。而其中的一点，就有我们在这里提到的关于培养社会人的问题，很多企业未必能清楚地意识到这个问题，也就没能认真地对待。

　　从这点上看，企业在人才培养的过程中，重视企业员工社会人属性的培养就显得尤为重要了。

第四讲

善用人

01 运气好的人·运气差的人

同为武将，有被乱箭射死的，也有在危险中九死一生、大难不死的。招聘、用人也一样有运气好坏之分。

曾听说过这样一件事。

在日俄战争时期有一场著名的海战，日本的联合舰队几乎把俄国的舰队全部歼灭，取得了战役的胜利。据说当时日本方面完全不知道俄国的舰队会从哪个方向到来，是绕太平洋来到津轻海峡，还是经过对马海峡到达日本海，对此完全不知。但日本舰队司令东乡平八郎毫不犹豫地做出判断，认为俄舰队会经过对马海峡而来，因此做好了在那里迎头痛击的准备。因为没有任何判断依据，它的作战参谋们心里也是没有任何把握的。

但东乡的预测是对的，俄国舰队果然出现在日本海。而且那天"天气晴好，海浪高"。这就意味着，能见度高，可清晰观察到敌舰；海浪高对于长途跋涉而来的俄国舰队来说极为不利，航海途中的消耗非常大。所有的因素都非常有利于日本，因此才取得了一场大胜仗。

这里比较有意思的是，东乡被提拔为联合舰队司令的过程中有这么一个传闻。当时，东乡在海军中的影响力还不是很大，谁都没有想到他会当选为司令。由于东乡的意外当选，一时之间，藏有猫腻的流言四起，最后传到了最高统治者那里。最高统治者于是召见海军大臣山本兵卫询问。山本的回答是："我之所以选择东乡，是因为我认为他是运气最好的人。"

这位山本海军大臣的话是否真实我不得而知，但是却很有意思。俄军舰队究竟会从对马海峡还是津轻海峡来，谁都不可能做精确的预测。可能性是一半一半。预测会从哪边打过来，其实相当于一种赌博，是一场关乎一国命运的大赌博。然而居然赢了，而且连无法左右的天气都非常幸运地站在日本这边。这要说是偶然的话那确实是偶然，假如说是运气的话，那东乡这个人也确实是一个运气极好的人。

而山本海军大臣能够看到东乡的好运，将其提拔为司令，我感到非常奇妙。

我自己很早以前就开始考虑这个问题了。比如说当我想任用一个人时，有两个候选人，两人无论才能还是人品都不相上下、难分伯仲，这时该怎么办好呢？我会任用我认为运势比较好的那个人。我喜欢运气比较好的人。

举个特别点的例子。战国时代有两个武将，武功谋略都旗鼓相当。这两人一起披挂上阵。一个在战场中乱箭而亡，另一个则数次遇险却都能化险为夷、起死回生。前者就是运气差之人，后者就是运气好之人。

　　凡是能够取得成功之人，必是有才干、有能力之人，也多半是运气好之人。比如说德川家康。家康与武田信玄交战后大败，被武田追击险些丧命，独自一人逃出城。但是，虽然获胜的是信玄，不久后他却得病死了。如果家康在这场大战中死去，那什么都结束了。可是他不但从极度危险中逃脱，对方还比自己先死了。家康当然算得上是英雄人物，但同时他也是一个运气极好之人，也正因为此他才取得天下。而反观武田信玄，才华完胜家康，却在壮年之时，在扫清了前进障碍之后不幸患病而死，只能说他运气不佳。

　　诚然，家康、信玄的例子距离我们很遥远，但这样的运气不是谁都能拥有的。也有人认为讲运气是不科学的，但我还是认为承认运气的存在会有利于事情往我们希望的方向发展。

　　所以在招聘人才时考虑一下运气的问题也挺重要

的。当然，运气不是很好的人也有其生存之道，所以这方面不用强求。但是，如果需要把非常重要的工作交给他的话，还是选一个运气好的人比较保险。

但是要分辨一个人是否运气好是很难的。想要检验你是否有文化、有知识，通过考试就可以。虽然考试不能全面地检验出你的人品、特质等方面的内容，但至少能明白个大概，你有多大的才干也大致能够明白。

可是运气却完全没有办法去检验。首先，正如前文所述，运气这个东西是否存在还是存在疑问的。如果说要让你拿出运气存在的证据，恐怕你只能在嘴上说它是有的，但终究也是拿不出任何证据的。

可你又不得不承认有时候运气确实在发挥着神秘的作用。如果谁都能一眼分辨出运气好坏的话，每个企业都会只把运气好的人招至自己麾下了。那样的话整个世界就有可能会乱套，还是保持其神秘感和朦胧感、若有若无的状态比较合适。

所以，这不是用我们的科学知识就可以去辨别和判断的。或许只能凭我们的经验或者直觉去判断吧。具有同样的能力，也同样地努力，一个无论做什么都比较顺利，另一个无论做什么都不顺利。这样的事情见多了、经历多了，或许就能自然而然地产生能够判断的直觉吧。

只不过要想拥有这样的直觉，也跟运气有关吧。运气越好的人就越容易朝着自己理想的方向发展。

山本海军大臣平日里肯定也时刻在关注着运势的问题，所以才能够敏锐地嗅到东乡这个人有极好的运气，才敢在事关国家生死存亡之际对他委以重任。至少，我是这么认为的。

02 看人长处

每个人都会有自己的长处和短处。如果只看到下属的短处，你是不会放心地任用他的。应该少看别人的短处，多看别人的长处，长处与短处以六四开比较好。

我们每个人都有自己的长处和短处。既没有只有长处而没有短处之人，也没有只有短处而没有长处之人。所以，大家聚在一起工作，能够看到许多人不同的长处和短处。

如果你只关注别人的短处就不好办了。"这个人在这方面不行，那个人在那方面不行"如此种种，就会变得看所有人都一无是处。用起人来也很难抉择到底用谁，总是顾虑重重，不能放心地安排别人的工作。

而下属如果经常被上司关注到自己的短处，不断被指出不足的话，他也会觉得无趣，甚至萎靡不振，丧失工作热情。

如果我们多看别人的长处，你就会觉得"他是个非常优秀的人"，充分去利用他的长处，就能做到比较大胆地用人。下属也会因为自己的长处被认可而感到高兴。当你让他去做什么事情的时候，他会很爽快地答道："好的！很愿意效劳。"在不知不觉中就会生出一股干劲，工作效率也能得到提高，业绩也很容易实现提升，他本人也能够得到成长。

所以，作为领导者，不能只是自己优秀、有能力。只有自己一个人优秀算不了什么。根据我多年的观察，这些能力同样优秀的领导者中分成两类人：一类是能够看到别人长处的人，另一类是过多关注别人短处的人。能看到别人长处的领导者，自己也能得到不断的发展，而只关注别人短处的领导者却发展不是很顺利。所以，作为领导者应该多关注下属的长处。换句话说，只有能够看到别人长处的人才能成为一位善于用人的领导者。

当然，也不能只看长处而完全忽略对方的短处。只是过度关注别人短处带来的弊害要远远大于多看别人长处所带来的益处。所以，合适的做法应该是短处也关注，但以长处为主，两者的比例大概四六分，短处占四成，长处占六成。如果能做到这一点的话，领导者基本上就会用好每一个人。与其相反，关注别人短处占六成、长处只占四成的领导者往往很难做到善于用人。

由于我自己的身体比较弱，许多工作必须要拜托下属去完成，我看人长处占到了七分，看人短处只占三分，所以才能那么大胆地用人。这或许也是我成功的一个因素吧。

只不过，大胆地用人，有时候也会失败。失败的原因既有他自身的失误，也有因我大胆地用他，他也就大胆地放开手脚做，结果做过了而导致的失败。

这种情况下，对于导致重大失误的下属我一般不会斥责。相反，会对犯了一些小错误的下属非常严厉地批评。比如说，下属浪费了一张纸，我会这样批评："哪怕是一张纸也不能浪费！"

因为这样的小问题基本上都是因为其本人不小心或不经意造成的，所以必须要严格提醒。而大的失误往往是他尽了很大努力去做之后才出现的。对于努力为你工作的人，哪怕最后损失了上百万，也不要去斥责他了。这个时候，比起责骂，同情与安慰才是最好的做法。身为总经理，你要这样去安慰你的员工，为其打气："你虽然经历了这么大的失败和挫折，但失败是成功之母，不要气馁！"员工就会心存感激，并分析失败的原因，吸取教训。

当然，不是说拘泥于小事不在乎大事，而是说对小事也要认真对待，这样遇到大事了才能正确面对，相互交流经验与教训，会更加有利于今后工作的开展。

如此一来，下属就能继续安心工作。这也是为什么很多下属会来跟我这样一个没有什么长处的人商量对策的原因吧。也正因为此，大家都非常努力地为我工作，松下电器才会发展得这样顺利。

总之，我认为用人的诀窍在于要看到别人的长处，然后根据其长处大胆地起用对方。被委以重任的人经过努力后还是造成了经营上的重大失误时，不要斥责对方，而是要采取安慰、鼓励的做法，与其一起分析失败的原因，吸取教训。

03 人员搭配

将 3 个干部减少到 2 个之后，业绩反而出现了明显提升。即使把所有的优秀人才聚集在一起也未必能带来好的效果。关键看如何搭配。

这是我所熟悉的某个公司的事情。

那家公司有 3 个负责人。这 3 人的职位分别是总经理、副总经理、总经理助理。3 个人都具有丰富的经验，作为经营者都是非常有能力的，而且工作非常努力，业绩应该会很好吧？事实却恰恰相反，产量和销量都不见起色。最后发展到连续出现亏损的地步，很不可思议。

这家公司的总公司觉得这样下去不行，在经过反复商讨后，最终下定决心把副总经理调到其他分公司任职去了。这样就只剩下总经理和总经理助理 2 个人来经营管理了。于是，这个 2 人组发挥出了超乎想象的能量，在短短的时间内就实现了产量和销量的翻番，公司也一下子扭亏为盈。

　　而调任到其他分公司的那个副总经理也在那里大显身手，取得了令人瞩目的成绩。最终，是一个皆大欢喜的结局。

　　这非常有意思。也就是说，有能力的 3 个人聚在一起工作，一般都会认为能取得很好的业绩，然而事实却恰恰相反。将其中 1 人调走之后却取得了意想不到的效果。如果说，被调走的人是一个无能之人倒很好理解，但情况并非如此。他也是一位能力出众之人，在新的公司取得了很好的业绩就是证明。减少了一位有能力的人之后，公司反而取得了巨大的成功，真是不可思议。

　　那么为什么会出现这样的情况呢？归根结底，还是人员搭配的问题。也就是说，这 3 个人在性格或想法方面有不协调的地方。

　　俗话说"三个臭皮匠顶个诸葛亮"。几个人的智慧确实要比一个人强。所以，不管什么事情，一个人的力量总是有限的，集众人的智慧去解决问题才是上

上策。但是，原则上或者说理想状态下应该是这样的
结果，但实际上，人这种动物，性格各异，想法也是
各种各样，总有不合拍的情况出现，这就会影响到每
个人的工作积极性，从而造成不利的后果。那个公司
就是这样一种情况。所以，当副总经理调离后，人员
的搭配变得合理了，每个人的能力和智慧得到了充分
的发挥，业绩也实现了提升。

这种情况其实不局限于企业的管理层，每个人都
可能会遇到。公司里任何的工作安排，如果人员搭配
不合理，大家一起工作既不开心也不高效，既不能充
分发挥各自的特长，部门整体也无法提升业绩。相
反，如果搭配合理，就可以用更少的人愉快而高效地
做更多的事情。

所以，我们在用人的时候，要考虑到如何搭配好
人员才能让大家既能充分发挥自己的特长，又能比较
愉快、高效地去完成工作，这一点显得尤为重要。当
然，这也未必就能很顺利、很容易地做到。首先要做

的就是在分配人员时，尽可能地不要把有可能会因性格原因而相互排斥的员工搭配在一起工作。当然，我们不能奢望他们能够百分百合得来，所以，要注意培养、引导员工相互间宽容、合作的心态。

此外，关于人员搭配的问题，还有一点也很重要，这就是对于单个员工来说，我们都希望其尽可能聪明、有能力。那么，这种既聪明又有能力的员工聚集在一起真的会带来更好的业绩吗？我们还不能轻易地下结论，但就我个人的经验而言，大多数情况下得不到我们想要的结果。

假设召集 10 个人一起工作。这 10 个人都是我们所期待的那种能力突出、智慧过人的员工。设想一下他们在一起工作的效果会怎样？正因为每个人都很聪明，每个人对于工作的方式方法都有各自不同的观点，都各持己见。那样的话，大部分的时间都会是在讨论工作如何进行，很难会有实质性的进展。而如果这 10 人中只有一两个能力突出之人，其他人都是普通平凡之人的话，大家很快就会遵从这一两个聪明人的建议迅速地开展工作，事情的进展会变得非常的顺利。

社会上，从一流大学毕业的优秀人才可谓源源不断，但他们未必就能取得相应的成果。有些公司，尽管都是些平凡的员工在工作，但也取得了非常大的成就。出现这种状况的原因虽然不能一概而论，但我认为还是跟人员的搭配是否合理有很大的关系。

这一点也是人类的微妙之处。如果是机器的话就不会有这个问题，一加一肯定等于二。但是，人如果搭配合理，一加一可以等于三或等于五，如果搭配不合理，一加一则有可能等于零甚至是负数。

所以，在招人和分配工作的时候，不能单单考虑一个人的能力和成绩，还需要考虑与其他人员搭配的问题。我觉得应该把是否有利于今后工作搭配的问题也考虑进去。

如此一来，就能发挥每个人的长处，取得突出的业绩了。

04 善用上级

作为继任总裁的条件，山下首先对我提出了这样的要求：作为顾问您也得为公司的工作尽心尽力。

1977 年，松下电器宣布山下俊彦就任公司总经理，一时成为社会上的热议话题。这是我们结合日本的现状和未来，以便更好地履行公司服务于社会的使命而实施的一项人事变动，因为与以往的做法不同，所以引起了意想不到的反响，对此我既吃惊又有些惶恐。

关于新总经理山下先生，有个非常有趣的事情。那就是他答应接任总经理时向我提出的一个条件，他说："作为顾问您也得为公司的工作尽心尽力。比如偶尔要召集两三个营业部长或者分公司经理，给他们讲讲经营的技巧。而且不能单讲笼统的想法，要给他们尽量讲具体些。"

　　一般情况下，继任总经理都不希望自己的前任再干预自己的工作，但山下先生却不这样，反而跟我说"顾问也要做这些事"，也就是给我分配了工作任务。换句话说，他想让我发挥上级的余热来为公司继续作贡献。这是非常有意思的做法。要让工作顺利展开，有效合理地安排下属当然是很重要的，但其实还远远不够。真正的用人之道，不但要求领导者会善用下属，而且要求领导者更加善用上级的经验与资源才行。

　　原本我们公司是从一个很小的个体经营的工厂发展而来，在创业的最初阶段，销售、采购基本上都是我亲自去做。随着规模的不断扩大，渐渐地这些事情我自己没办法去做了，就只能委派他人去做。在交接时我说过"有什么需要帮忙的尽管说"，于是他们就真的不客气，遇到问题就找我解决。

　　比如说采购的人会说："头儿，有个事情想拜托您……"之类的。那时还是小工厂，所以不叫"总经理"，大家都喜欢叫我"头儿"。于是我问道："什么事情？""是这样的，我已经跟那边的工厂联系了，90%的内容都谈妥了，现在需要您出面。谈判已基本谈成了，如果您能出面最后推一把的话，剩下就好办了。"我欣然答应和他一起到对方工厂去，我与对方工厂的负责人说："听我这个下属说，他在你这学到了很多东西，非常感谢！松下电器将来发展壮大，从贵工厂的进货量也会相应增加，所以还请多多关照。"对方一听，欣然同意。于是，合同达成。

这样的事，不仅在采购方面，在销售等其他方面都会遇到，所以公司才得以飞速发展起来。最终，下属也不断地利用上级，上级的领导也愿意被"利用"，公司形成了这样的一种氛围之后，就自然能够很好地发展下去了。

当然，善用上级有很多种方法。这里所举的例子大体上就是按计划需要由上级出马做最终的裁决。

有时，也可将自己的提议提交给上级参考，被上级采纳后按照上级的命令实施。自己身为下属，只要按照上级所说的去做就行了，即所谓的"遵命行事"，这当然是一种处世之道，但有时也需要反其道行之。但如果事事都想利用上司帮你去完成是不可能的。一是我们不可能时刻都有好的创意能被上司采纳，二是过分依赖上司的帮助，自己的能力就得不到提升，工作业绩也很难提高，甚至有可能影响到公司的发展。所以，提案的内容也好，说服上司的沟通方法也罢，都必须要好好斟酌。另外，作为领导与上级，营造出让下属自由发挥想象，提出自己的创意与想法的氛围也非常重要。

不光是好的创意和提案要跟上级沟通，有了烦恼和担心的事情，不要一个人苦闷，也应该找上司商量、倾诉。这也是有效地利用上级的一个方法。我在前面提到过，上级，从某种角度来说，是一个倾听下属的顾虑和牢骚的职位。上级有义务排解下属的烦恼与困扰，以使下属能够安下心来好好工作，如此一来，公司的业绩也会提升。

从某种意义上说，上级就是这样的一种存在，公司总经理可以说是一个承担所有员工的担心与顾虑，并设法解决所有烦恼的总管。所以，作为下属应该毫不保留地把自己所担心、烦恼的事情说给上级听，在上级的帮助下解决问题。那样的话，就可以更加专心地工作，这一点实际上是非常重要的。

不管怎样，当你处于同样的立场时你就会明白，越是上级，就越想要充分发挥所有人的能力把工作做好。换句话说，他们会从内心渴望下属能够好好利用自己。所以，从这个意义上说，用上级比用下属容易，而且谁都可以做到。

我们应该充分地利用上级，促进工作业绩的提升。

05 认可权威

新总经理的上任得到了工会的支持，一个权威得到了大家的认可，工作才能有序高效地展开。

接着上一节的话题，我想继续谈谈新总经理的事情。

这次的人事变动在社会上引起了不小的反响，也被指出存在很多问题，但在公司内部，大家很快地适应了新的变化。也有人问道：跳过四位副总裁、五位专职董事、四位常务董事而破格提拔这样一位公司总裁，难道就没有受到任何反对吗？事实上确实没有，在公司内部，大家都赞成这样的一个决定。

在我宣布这个人事决定后，我去东京出差时顺路去了我们在那里的分公司。正准备进房间时，遇到一个男性年轻职员，那人一见我就对我说："非常感谢您！"

我一般都不记得年轻职员的名字，所以我问他："你是谁？"他回答："我是东京工会的干部。""哦，是嘛。那为什么要说感谢我呢？""因为我非常感谢您的这次人事变动。""这么说，你赞成？""嗯，是的。""这样的话，那就拜托你了。"……

就这样，工会也赞同本次人事调整，甚至可以说是欢迎这次的人事调整。工会是代表了大部分员工心声的组织，工会欢迎的话，也就意味着得到了大多数员工的支持。基层的员工都能赞同的话，上级的领导自然也就不会反对了，就这样，在公司内部很顺利地接受了这次人事变动。

本来我卸任后只担任顾问职务，既不是总经理也不是董事长。关于这次人事调整，我与董事长、总经理的意见一致，因此才达成了这样的结果，所以我不应该成为工会感谢的对象。但工会干部却专门对我说了声"谢谢"，对已经没有任何权力的我表示感谢，我认为其实是对于我这个"权威"的一种认可。

我虽然现在只是顾问，但我也是这个公司的创始人，我是一个怎样的人，做了些怎样的事，大家当然很清楚。所以，一提到我，员工们会很自然地把我跟"权威"挂钩。正是对于我这个权威的认可，工会干部才会对我说感谢的话。同时，也说明了公司的干部们也是赞同此次人事的调整。

关于这次的人事调整，员工们常说："那是松下先生的做事风格。"确实在我们公司，由于有了一个大家都认可的权威存在，使得公司的运作相对比较顺畅。

但话又说回来，我认为任何一个公司只要有一个大家认可的权威存在，事情就会进展得很顺利。

我偶尔会有机会与创价学会^③的会长池田大作见

面，他比我要年轻得多，但现在已经是一位十分杰出的领导者，为人所尊敬。跟他交谈时会发现，尽管他也会说"我是这么认为的"这样的话，但常常挂在嘴边的是"释迦牟尼曾这么说""根据日莲大圣人的说法，事情应该是这样的"，诸如此类的话。就算是他个人的观点，他也不会直接说，而是会借释迦牟尼、日莲圣人的话来表达自己的观点。于是，他的话就变得很有说服力了。

年纪轻轻的就作为会长，把创价学会运营得风生水起，除了他本人确实非常优秀之外，借助权威的做法也起到了非常大的作用。这也是他能够成为一位伟大的领导者的原因所在。

所以，经营一个公司，或者每个部门的负责人在管理各个部门的时候，如果能够找到一个大家都认可的权威，围绕这个权威展开工作就会更加高效。

虽然依靠权威很重要，但如果做过头就会有"狐假虎威"之嫌，也会造成盲从权势的不良风气，所以一定要掌握好分寸。

　　这个权威既可以是一种精神，也可以是某种经营的理念或使命，或者是经营者自身。

　　不管是什么，只要能找到一个大家都能认可的权威，工作就能变得高效，公司也易于管理。我们必须意识到，当今社会有一种否定权势的风气，这种风气甚至发展到连正确的权威都不承认的地步，这实际上会影响到我们工作的效率。

　　③　创价学会：日本佛教团体之一。——编者注

06 论资排辈制和提拔制

提拔人会存在着一定的风险，甚至可以认为是一种冒险。但有时拥有这种冒险的精神和勇气才正是企业生存和发展的机会。

另一个关于总经理变动的话题，就是论资排辈制度和提拔的问题。这是任何一个企业都存在的问题。我经常被邀请去做演讲，在提问阶段，这个问题经常被问及。

不用说，发挥每个人的特长，量才适用对于企业的经营发展来说至关重要。为了实现量才适用，适当的提拔是必要的。对于所有员工，不论年龄和经历，如果认为某个员工能够胜任某个岗位，那就应该考虑将其提拔。但现实是，日本对于论资排辈却看得很重，虽然大家都知道量才适用的重要性，而真正贯彻该思想进行"非常规"提拔时，总会出现反对的声音，甚至是招来人们的反感，使得事情没法顺利进行。

这是长年形成的一种思维习惯，几乎成了一种常识，不是一朝一夕就能改变的。要想改变这种论资排辈的思维方式，可能得从小学的教育开始。只有从小就开始灌输量才适用的思想，让其成为一种社会常识，否则论资排辈的传统思想就不会消失。

所以，通过提拔来实现量才适用在理论上是可以，但在论资排辈思想已成共识的背景下，贸然提拔反而会引起众人的议论，达不到想要的效果。

不过论资排辈制也有好的一面。在智力和体力方面年长者虽然比不过年轻人，但他们积累了丰富的经验，这也是一种能力。在论资排辈的风潮下，年长者会受到年轻人的尊敬，得到年轻人的辅佐，所以更容易做到集众人之长，使工作能够顺利地展开。

从这点看，论资排辈制也有其积极的一面，利用好的话，在一定程度上也有利于公司的发展。虽然如此，如果一直保持这种状态的话，容易滋生得过且过的风气，企业的经营就难以产生生机与活力。所以，还是需要通过适当的提拔来打破这种现状。

具体如何实施呢？因为每个企业有每个企业的情况，不能一概而论，就我自身的经验来说，论资排辈制与提拔制按七三开会比较合适。如果换成三七开可能会比较有意思，但前面也讲过，除非从小学阶段开始教育，否则很难突破传统思维。从时代的需求来看，虽然提拔制会渐渐成为一种趋势，但那是以后的事情，现今的日本还是论资排辈制占主导地位，提拔制也只能是适当地实施，只能占据次要的位置。

但是，关于提拔制，还有一个难点。那就是，被提拔的人是否真的适合那个岗位，只有等他真正去履行新岗位的职责后才能知晓。当然，我们可以根据对那个员工的了解，根据他一直以来的工作表现来进行判断，也可以从他的见识、判断力，或者知识、人脉、健康等几个因素来做初步判断。

但这也不是百分百的了解。认为这个人的工作能力可以达到 80 分，提拔他之后，有可能只表现出 50 分的能力，也有可能会比你预期还要好，这就是人的微妙之处。正因为如此，通过提拔来选才就更加困难。如此下去日本很多企业将很有可能陷入得过且过的境地。

但是，如果因为难做就不去做的话，那就别指望企业获得发展了。事实上，我在这方面做的还是比较成功的，其实也并不像想象中的那么难。

我是怎样做的呢？我综合考虑被提拔者各方面的要素，如果判断他有百分之六十的可能性能够胜任那个岗位的话，我就提拔他。当然，能够有百分之七八十的把握会更好，但依然不能排除风险。大体上我们能事先判断出的就这么多了，剩下百分之四十就只有去赌了。

既然是赌，那就有可能赢也有可能输。事实上，我们也遇到过这样的事情，自认为这个人是最合适的，结果让他做了之后才发现事与愿违。但是，做得好的还是占多数。

所以，像提拔人这种既难办、又有风险的事情，需要有敢于冒险的精神。作为领导者，如果没有这样的冒险精神，就做不到量才适用，也就实现不了企业的发展。这种冒险精神也是新时代对于经营者提出的新要求。

第五讲

人之本性

01 首先要做到了解人

至此，关于用人方面，围绕着我个人的经历以及一些见闻，我从各个方面谈了一些看法，在这里，我想再次探讨一下事关用人的根本问题。

那就是人。要用人，要充分发挥人的潜力，就得对人有很深的了解才行。打个不太恰当的比喻，人在饲养其他动物的时候，也会先了解该动物的习性，然后采取合适的饲养方法。绝不会用完全相同的方法来饲养不同的动物。养马要按照养马的方法，养牛就要根据牛的习性去饲养才行。

养殖渔业曾经受到热捧，但如果想真正提高产量，还是要对每种鱼类的习性加以研究，在不同的渔场喂食合适的饲料才行。

对待人其实也一样，更何况人是比其他动物复杂得多的高级生物。简而言之，如果是狗，哪怕是嗟来之食它也会吃，但人的话，哪怕是自己非常想要的东西，如果给与的方式不对的话，他也会愤然拒之。动物的话，东西就是东西，人则不一样，除了东西，必须得重视人的内心与感受。

考虑到这点，作为用人的领导，必须得了解人究竟是怎样的动物才行。换句话说，就是要了解人的本质与本性，或者说要有正确的对于人的认知。如果不具备这些认知，就不能充分发挥人的才能，甚至有可能抹杀了人才。古代也好，现代也罢，能称得上优秀领导者的人，都非常了解人的本性，使每个人都能充分发挥其才干。相反，如果不能很好地把握人的本性，往往会失败。

02　人有无限的潜力

我自己对于"人究竟是怎样的动物"这个问题也有些自己的见解。当然，那并不是通过读各种文献进行所谓的学术研究得来的认识，而是从我经历的事情或与不同人的接触当中体会到的，"噢，原来人在这种场合下是这样想问题、这样做事情的。人还有这样的一面啊"，通过诸如此类的切身体会，不断积累的人生阅历与社会经验，加深了我对于人的本性、本质的理解。而这些对于人的认知就是我一直以来的用人之道的本源。

对于人的认识，在我所写的《关于人的思考》一书里有详细论述，如果你能阅读这本书或许会有所启发，在这里我将能体现该书基本观点的两篇文章摘录出来，供您参考。

新人类观的提出

　　宇宙中存在的所有事物，都在不断地求生与发展。万物日新月异，求生与发展是自然法则。

　　人类被赋予了顺应宇宙发展、支配万物的力量。人类可以适应不断发展变化的宇宙，能够开发潜藏在宇宙中的伟大力量，能够分辨出万物的本质，并加以充分利用，创造出物质和精神的财富。

　　人类顺应自然法则，被赋予天命，成为了万物的支配者。也就是说，人类以天命来判断善恶、确定是非、明晰万物存在的理由。所以谁都不能否定人类的这些判断，人类就是一种崇高而伟大的存在。

　　而被赋予了这种天命的人类也形态各异，未必都能做到公平与公正，也未必都是无比强大的存在。人类不断地在追求繁荣，但也不断地陷入贫困；人类时常祈求和平但也不时陷入纷争，想要谋取幸福却常常遭遇不幸。

　　人类之所以会呈现出这样的一种状态，是因为人类自身并没有领悟到自身被赋予天命的意义，只是一味地追求个人的利益。

人类的伟大在于，仅仅依靠个人的智慧和力量并不能将上天赋予我们的潜能充分地发挥出来。从古至今，我们汲取了无数前人的智慧，并不断升华、融合，在这个过程中，个别的小智慧成为了众人的大智慧。正是集众人的智慧才使得自然的法则广泛地体现在人类的共同生活中，这是被赋予天命的人类所发挥出的最强力量。

诚然，人类是崇高而又伟大的存在。我们必须要领悟到人类的这份伟大，认识到我们所背负的天命，不断地升华众人的智慧去经营繁衍生息的大业。

人类的使命在于认识与实践人的天命。为了明确这个使命的意义并完成这个使命，我在此提出新的人类观。

新人道的提出

人类具有作为万物之王的天命。认识到这种天命，就要利用一切事物，营造出更好的共同生活之道，这就是所谓的"人道"。

必须从人类与万物一切的本质开始。也就是说，人也好、物也罢，世间万事万物都是依据自然法则而存在的，我们不能否认并排除其中的任何事物。这是人道之根本。

我们要接受事物的本质，了解所有事物存在的意义，依据自然法则进行适当的处置，充分利用一切我们可以利用的东西，这是人道的根本意义所在。正确地对待万事万物，正是作为万物之王的人类所共同担负的责任与义务。

这样的人道，只有基于丰富的礼仪和众人的智慧才能顺利地实现。即让大众都具有礼让的精神，灵活运用我们的智慧，怀有宽容之心，合理地对待万事万物，人类与万物的共存才能深入到生活的方方面面。

政治、经济、教育、文化等涉及物质与精神方面的人类各项活动，都必须以这个人道为基础来展开。如此一来，所有的事物才能在和谐的氛围中发展进步。

确实，只有人道才是能够如实地发挥人类伟大天命的大道。这就是我在这里提出新人道的原因。

正如这里写到的人可以说在本质上是万物的王者。换句话说，拥有无限发展可能性的是我们人类。根据这种观点，我们要充分发挥自己的能力，活用世间万物，创造无限的发展进步空间，这是作为人的使命，也只有人类才能做到。

我认为，这种人类观是保证政治、经济等一切人类活动公正合理的根本，而谈到"用人之道"，也得持有这样的人类观才行，这一点很重要。

人需要严格地培养、锻炼，因为人类实质上是一种伟大的存在，并具有无限的潜能。"玉不磨不成器"，哪怕是光鲜夺目的宝石，不经打磨，也不能光彩照人。但是，如果只是普通的石头，不管你如何打磨，虽然可以变得光滑，但绝不可能成为宝石。因为它不具备作为宝石的品质。

即使是动物，只要认真教它们，它们也能像我们在马戏团里看到的那样会表演一些技艺。但也仅此而已，它不会自己动脑去创造出别的技艺。与之相比，人类能够到达遥远的月球，能够往更远的火星发射探测器，并在地球上操作着这一切，这简直就像神一样厉害。不过，如果人类没有接受教育，没有经过训练，也发挥不出人类本身所具备的这种能力吧。

所以，为了最大限度地发挥员工们的潜能，该教的时候还得教，该训练的时候还得严格训练，同时还得通过确立目标、委派工作等方式，不断地使员工们提升自己的创造力。

03 20 岁的办事处负责人

如何发挥一个人的潜能呢？我拿自己经历的一件事来举例说明。

在昭和时代初期，那时公司的规模还比较小，我们想在金泽开设一家办事处。因为需要建新的办事处，我亲自去做相关准备倒也问题不大，但由于我身体不好，所以没办法亲自去。然而那时的松下电器只是一家创业初期的小工厂，并没有多少员工能代替我完成这件事情。

考虑再三，我选中一个中学毕业、入厂两年左右的 20 岁小伙子。我把他叫到身边说道："我有件事想拜托你。"

"什么事？"

"我想在金泽新开一处办事处。想让你去做主任，带两个学徒去，把这个办事处运营起来。"

听了我的话后，他稍显吃惊，于是我补充道："你已经20岁了。20岁这个年纪，如果是古代的武士，已经是可以在战争中取敌首级的年龄了。中学毕业，作为实习生已经工作了两年，也积累了不少经验了。没关系，你一定能行的。资金上，给你300日元，用它在合适的地方租房，经营方式跟在大阪一样就可以了。按照你自己认为对的方式去做就行，我相信你一定能够干好的，你也要对自己有信心。"

于是，他去了金泽，按照我的要求租了房子，带着两个高小毕业的学徒，把办事处运营了起来。

大概过了两年左右，偶然的机会，我去北陆旅游，由于时间关系，并没有打算在金泽停留。但火车途经金泽，那位主任率领办事处的全体员工到车站的站台处与我见面。于是我问他"最近怎么样？""虽然有点缓慢，但总体还算顺利。办事处的人员已经增加到了7人。"两分钟左右的停车时间，简短地交流了这么几句。

在那之后，因为疾病缠身，也一直没有机会再去金泽办事处，内心甚感愧疚，但办事处在那位年轻主任的带领下一直稳步地发展着。

像这样，让一位 20 岁的青年去开设办事处，把经营的一切事务都委托给他，可以说有点乱来。但是，当时的松下电器除了这样做，别无他法。当然，我也是考虑了各种因素，认为这样做可能会成功才大胆起用他的，事实证明是对的，最终取得了成功。

人都有相应的潜能，只要让他感受到相应的责任，即使很艰巨的任务，他也有可能很好地完成。当然，也会有合适不合适的问题，必要的训练当然还是需要的，只要得到了合适的锻炼，就该给他一片天地，让他能充分地发挥自己的全部能量。正是考虑到这点，我才敢大胆地起用与提拔下属。虽然有时也会失败，但总体看还是成功居多。

04 工资和经营理念

接下来想谈谈我们在实际用人时非常重要的一个观点，即刚刚提到的人道的问题。认识到所有事物的本质，并在此基础上用合适的方式对待它，这是人道的基本观点。这也同样适用于人。也就是说，人，不论是个体还是整体，我们都要看到其本质，并用合适的方法加以对待。

前文提到，人具有无限发展的可能性。人类能够创造出神一般的奇迹，也能在需要时牺牲自己去拯救他人。

但是，人的本性并不是只有伟大的一面。有时还会偷盗别人的东西，相互争吵，甚至会去伤人或杀人，这是现实中人的另一面。人类的本性中拥有善与恶两面。在认识到这种人类本性的基础上，考虑如何应对也至关重要。

只看到人性中好的一面，过于理想化地对待他人；或者相反，只看到人性中恶的一面，把所有人丑化，都不妥。有句话叫作"利益驱使"，人也有以自己的利益为中心来看待问题、采取行动的一面。做同样的事情，以利益多少作为好坏的评判标准，这也是很多时候不可避免的。所以，我们在用人时，工资给得多就会被认为是好的。如果忽视人的这种想法，想用对方却不给对方合理的工资，或许对方会撂下一句"这点工资怎么行？"之后，拍屁股走人，又或者对方即使愿意为你工作，却也不会拿出太高的工作热情，不会为你好好工作。所以，工资应该是在合理范围内尽量高一些比较好。

但是，是不是只要工资高了，员工就一定非常乐意地为你工作呢？也未必。这是我在现实中遇到的事。有两个公司，其中一个公司给员工的工资比较高，另一个公司仅仅是普通水平。一般认为工资高的那家公司的员工工作起来会更加富有干劲才对，但事实却正好相反，工资普通的那家公司的员工工作表现得更加优秀。

究其原因，后者有自己公司的经营理念，并把其灌输给全体员工。公司总经理会对大家说："我们公司的目标是要通过我们的工作为社会作出贡献。我们从事的是这样一份令人尊敬的工作。所以，大家一定要好好干。"因此，员工们就能从中感受到自己的使命，工作起来也就充满了干劲。

与之相反，工资高的那家公司没有明确的经营理念。员工们感受不到什么使命感或工作的价值，虽然工资高些，但对工作与生活的满意度并不高。

可见，人既有受"利益驱使"、为利而动的一面，也有为了使命而献身的另一面。献身可能有点言过其实，可以说是为了社会、为了他人工作而感受到喜悦的一面。所以，我们在用人的时候，光给其高薪还不够，还得让其具有使命感，否则也难以调动其积极性。当然，如果只有使命感也不行，除非是非常高尚伟大的人，否则也会心生不满。大部分人考虑的都是一半使命感、一半工资，两者要达到平衡。只有充分了解到人的这种本性并正视它才能找到合适的用人方法。

05 大胆用人

从某种意义上说，用人直接反映了你对人性的认知程度。前面曾提到，假设有 10 个下属，其中的 2 人与自己想法一致，是同一战线的，另外 6 人处于中立，剩下的 2 人与自己观点相反。

对于这种状况，我们应该这样想：人就是这样的。就是说首先得尊重人的这种本性。只有这样，你才能正确地面对这个现实，从而做出正确的决定。如果面对这样的事情就觉得"那 2 个人居然反对我的意见，真是胆子太大了"，或者想"干脆辞退他们算了"。如此一来，反而会使我们很累，而且也不能达到善用人的目的。这种时候，我们不应该被自己的感情所束缚，现实就是现实，应该正确面对，冷静地思考对策才是最重要的。

关于这点，我们在别的书籍里也写过很多，但我还是想讲讲我自己的体会。那是在创业初期，我们的企业只有 50 多名员工，这些员工都非常努力地工作，我很欣慰。但其中出现了一个做坏事的人。虽然还没到盗取原材料的地步，但他做的事的恶劣程度也跟那差不多了。

我因为这件事非常烦恼。仅仅 50 几个人中就有这种干坏事的人，真是头疼，一想到这些，我晚上都不能入睡，一直在犹豫是不是该把那个员工辞退。

就在那时，我突然想到现在在日本有多少人在干坏事呢？即所谓犯法的人有多少呢？突然脑子里闪过这样一个问题。假设触犯刑法被关在监狱里的人有 10 万人，那么其他干了坏事、触犯了法律但罪责比较轻的、不需要在监狱服刑的人，或许是这个数的 3 倍或 5 倍，也就是说可能会有 50 万人之多。

那对于这部分人，我们应该怎样对待呢？也不至于要将其赶出日本，犯罪性质极其恶劣的人已经被关进监狱了，剩下的人进行说服教育之后留在了社会。

我觉得对于罪恶深重之人将其打入监牢加以隔离，而对那些罪责没那么重的就原谅他吧。这是日本的现实状况。在当下社会要求企业任用的员工都是好人，那也太过天真了。任用的人越多，这些人中坏人存在的几率也就会变得越大，这是没办法的事。

这样一想，我顿时就想通了，心情也变得无比轻松，并且原谅了那个员工。脑子里想："为这点事情烦恼不值。想要做更大的事业，却只想着使用好人，这种想法太过天真。以后公司的规模扩大，肯定还会出现一些对公司不忠的人。但是，如果不能正视这个问题的话，那就太不应该了。"

所以，我没有辞退那个员工，而是对其进行了训诫。在这件事之后，我在用人上就变得更加大胆了。有趣的是，在这之后，公司里反而再没有出现那种恶劣性质的事件与员工。当然，犯点小错的员工还是有的，但也不是很多。

人多了，就会有各种各样的人，既有非常优秀的人，也会有你不太喜欢的人。面对这种现状，根据自己的喜好来做事只能是平添烦恼。解雇某个员工也并非是最好的解决方法，搞不好还有可能产生摩擦与冲突。在用人时遵循人的本性才是最重要的。

06　为了实现量才适用

还有很重要的一点，那就是人的个性。不用说，每个人都各有不同。脸型就不用说了，气质、想法都是各具特色的。虽然人类的本性是相同的，但个性、风格则是因人而异。

所以，要想真正地充分发挥每个人的才能，必须要尊重每个人的个性与风格才行。比方说有一个大力之人和一个手巧之人，让力气大的人干力气活，让手巧的人做一些精细的工作，这样两个人才能充分发挥各自的特长，如果反过来安排，这两个人也痛苦，工作也很难圆满地完成。

这不用我特别强调，也能知道是量才适用的道理。将合适的人置于合适的岗位，对于员工来说能够发挥自己的特长，当然高兴。而且工作也容易做出成绩，对于他人来说也能形成一种正能量。所以，做到这点无论于己于人都是很好的事情，作为领导，一定要用心做到量才适用，这非常重要。

而要实现量才适用，还是得从了解每个员工的个性特点开始。只有了解了对方的个性特点，才能根据其个性特点分配合适的工作。如果只是根据自己的喜好去判断的话，是很难做到量才适用的。

"人类观"与"人道"的思想基础就是世上所存在的一切都是为了人类的需要而存在的。当然，现实的世界里还有一些事物我们还不知其价值，而这些事物总有一天会随着科学的进步找到其真正的价值所在。

人也一样，原则上所有的人都具有自己的长处，一定会以某种形式发挥作用，可以充分发挥其价值。我们要用自己的眼睛、用心去观察、发现别人的长处。

我曾读到过这样的一段话。在楠木正成④的家臣里有一个叫"哭泣男"的、非常善于哭的人。他一哭周围的人也会跟着哭起来，所以很多家臣不喜欢让他待在家

第五讲　人之本性

里。但是在一次战役中，正成想制造出自己已死的假象，于是让他穿上僧衣，假装为自己祈冥福。那个"哭泣男"哭得太过于逼真，以至于敌人看后完全相信正成已经战死，从而放松了警惕。正成抓住战机，取得大胜。

"哭泣男"对于武士来说可能不是一个合格的家臣，但他也有他的存在价值，正成在认识到这点后加以利用，最终取得了很好的效果。这也正是正成能够成为一代名将的原因所在。同时，这个故事也很契合应该正视所有人的个性特点，并加以合理利用的"新人道"的观点。

在实际的经营过程中，会有各种问题存在，要做到百分之百的量才适用是很困难的，但至少我们要做到正视每个人的个性特点，充分利用每个人的特长。

④　楠木正成（1294—1336）日本古代著名的武将。——编者注

07 集思广益

最后还有一个我觉得非常重要的事情，那就是前文提到过的"人类观""人道"中涉及的集众人的智慧。

人类的伟大在于能够做到不拘泥于个人的小智慧，而且能够集众人的智慧于一身去考虑问题、解决问题。不管是多么聪明的人，一个人的智慧毕竟是有限的。仅仅依靠自己有限的智慧去做事情，往往会遭遇失败。跟众人商量，接受别人的意见，然后将其融合，变成自己的东西，再去行动，这样就比较容易避免犯错。

我之前也反复强调，我的学识不足，所以需要不停地向别人请教。要做什么事情的时候也会向员工讨教，以商量的方式来进行工作。不仅是员工，从经销商那里我也学到了很多东西。刚开始销售的时候，我不知道到底该如何定价比较合适，于是将产品送到经销商那里问道："这次我们生产出了这样的一个产品，您觉得卖多少钱合适呢？"对方是销售的行家，经常会告诉我他的建议。就这样，虽然自己缺乏相关知识，但通过不断地去请教别人，倒也能够少犯错地完成自己的工作。

公司规模扩大后，事事都以商量的方式进行工作已经不太可能了，形式上以我个人的判断来推进工作的情况变得多了起来。但即使是这样，完全由我个人独断推行的，可以说一件都没有。虽然形式上我没有听取其他人的意见，但我在内心里仍然是以商量的心态去考虑大家的想法。

有时我只把基本方针明示，剩下的都交给各部门的负责人去办。如此一来，那些负责人就可以自由发挥自己的创意，也就实现了充分发挥他们才能的目的。这样的做法，其实也是一种集公司全体智慧进行经营的一种方式。

不管是哪种方式，形式上就算有所不同，但都会不断地利用公司内外的智慧来进行经营管理。所以我能够有今天的成绩，都是集众人智慧的成果。我时常告诫自己，要想取得任何成绩，必须依靠众人的智慧。

而且，通过众人的智慧来进行经营，既可以使公司取得好的业绩，又能为公司培养人才，发挥每个员工的能力。领导者对于"集思广益"持开放态度的话，下属自然会积极配合，最大限度地发挥自己的智慧。这样的状况如果能良性循环，下属的智慧与能力就可以不断地提高。

前面也提到过，在能力出众的上司手下工作是否一定能够得到成长，答案是未必。而如果是在一个喜欢倾听下属心声的上司手下工作的话，哪怕你本人能力平平，也可以得到成长与锻炼。所以，作为领导者，应该要比任何人都要注重利用众人的智慧才行。

而且，这里所说的众人的智慧，是人类最为强大的力量。这也正是鄙人写此书特别想强调的地方。

松下幸之助简略年谱

年	年龄（岁）	事件
1894		11月27日出生于日本和歌山县海草郡和佐村字千旦之木（现和歌山市櫊宜）、为松下政楠和德枝的第三子
1899	4	父亲政楠的大米投机买卖失败，移居和歌山市内
1904	9	从旧制小学（四年制）退学，孤身一人赴大阪宫田火盆店当学徒
1905	10	到五代自行车商会当学徒
1906	11	父亲政楠病逝
1910	15	辞掉五代自行车商会的工作，进入大阪电灯株式会社成为一名布线实习生
1911	16	由布线实习生晋升为最年轻的工程负责人
1913	18	母亲德枝病逝
1915	20	与井植梅野（19岁）结婚
1917	22	由工程负责人晋升为最年轻的质检员
1917	22	从大阪电灯株式会社辞职，在大阪猪饲野开始着手插座的生产和销售
1918	23	在大阪市北区西野田大开町（现福岛区大开）开设松下电器器具制作所开始电灯插头、双用插头的生产和销售
1923	28	设计出售炮弹形电池式自行车车灯
1925	30	被推举参加区议会议员选举，并以第2名当选

年	年龄（岁）	事件
1927	32	在方形电灯上第一次使用 National 商标发售
1929	34	正式更名为松下电器制作所，制定了纲领、信条，公布了松下电器的基本方针
		虽然社会陷入了经济萧条期，但松下电器实施上班时间减半、生产规模减半，工资全额支付，不解雇任何员工的做法度过了这段萧条期
1931	36	无线收音机获得 NHK（日本广播协会）东京无线电大赛一等奖
		开始自己生产干电池
1932	37	将5月5日定为创业纪念日，举行了第一届创业纪念仪式，阐明了产业人的使命，把这一年定为"命知元年"
1933	38	实施事业部制
		在全部事业部门开始实施早会和晚会
		将总店移至大阪府北河内郡门真村（现门真市）
		制定"松下电器五精神"（1937年改为"松下电器七精神"）
1934	39	开设松下电器店员培训学校，就任校长
1935	40	松下电器制作所以股份形式重组，成立松下电器产业株式会社，同时将原来的事业部制改为分公司制，设九家分公司。
1940	45	举行第一次经营方针发布会（以后每年都举行）
1943	48	在军部要求下设立松下造船（株式会社）、松下飞机（株式会社）
1945	50	战争结束。第二天，召集干部员工，呼吁通过和平的产业复兴来实现国家重建
		8月20日，发表了"告松下电器全体员工"的特别训话，呼吁大家做好应对困难局面的心理准备

年	年龄（岁）	事件
1946	51	松下电器及松下幸之助被当时的驻日盟军总部认定为财阀家族，受到了开除公职等七项限制
		全国代理店、松下产业工会开展免除公职剥夺的请愿运动
		11 月 3 日，创立 PHP 研究所，就任所长
1949	54	为了实现企业重建的合理化，第一次允许自愿退职
		负债 10 亿日元，被媒体称为"税金滞纳王"
1950	55	随着各种限制的解除，状况好转，经营也摆脱了危机
		在紧急经营方针发布会上发表声明，宣布"在狂风暴雨中松下电器终于站起来了"
1951	56	在年初的经营方针发布会上呼吁"要以'松下电器今天开始再开业'的心态进行经营"
		进行了第一次、第二次欧美考察
1952	57	赴欧洲，与荷兰飞利浦公司达成技术合作
1961	66	卸任松下电器产业株式会社总经理，就任董事长
1962	67	登上《时代》杂志的封面，事迹被推向世界
1964	69	在热海举行全国销售公司代理店总经理交流会
1968	73	举行松下电器创业五十周年纪念典礼
1972	77	出版《关于人的思考——新人类观的提出》一书
1973	78	卸任松下电器产业株式会社董事长，就任企业顾问
1979	84	设立（财团法人）松下政经私塾，任理事长、塾长
1981	86	获一等旭日大勋章
1982	87	就任（财团法人）大阪 21 世纪协会会长
1983	88	设立（财团法人）国际科学技术财团，任会长
1987	92	获一等旭日桐花大勋章
1988	93	设立（财团法人）松下国际财团，任会长
1989	94	4 月 27 日上午 10：06 逝世